自然灾害综合风险公路承灾体普查技术指南

（第一册　数据采集）

编制单位：交通运输部路网监测与应急处置中心
中交第一公路勘察设计研究院有限公司
中国交通通信信息中心
中国公路工程咨询集团有限公司
贵州省交通规划勘察设计研究院股份有限公司

人民交通出版社股份有限公司
北　京

图书在版编目(CIP)数据

自然灾害综合风险公路承灾体普查技术指南 / 交通运输部路网监测与应急处置中心等主编. — 北京 : 人民交通出版社股份有限公司, 2021. 4

ISBN 978-7-114-17144-4

Ⅰ. ①自… Ⅱ. ①交… Ⅲ. ①自然灾害—影响—公路运输—交通运输安全—安全管理—指南 Ⅳ. ①U492. 8-62

中国版本图书馆 CIP 数据核字(2021)第 045267 号

Ziran Zaihai Zonghe Fengxian Gonglu Chengzaiti Pucha Jishu Zhinan

书　　名：自然灾害综合风险公路承灾体普查技术指南(第一册　数据采集)

著 作 者：交通运输部路网监测与应急处置中心
中交第一公路勘察设计研究院有限公司
中国交通通信信息中心
中国公路工程咨询集团有限公司
贵州省交通规划勘察设计研究院股份有限公司

责任编辑：吴有铭　黎小东

责任校对：孙国靖　龙　雪

责任印制：张　凯

出版发行：人民交通出版社股份有限公司

地　　址：(100011)北京市朝阳区安定门外外馆斜街 3 号

网　　址：http：//www. ccpcl. com. cn

销售电话：(010)59757973

总 经 销：人民交通出版社股份有限公司发行部

经　　销：各地新华书店

印　　刷：北京市密东印刷有限公司

开　　本：880 × 1230　1/16

印　　张：5

字　　数：88 千

版　　次：2021 年 4 月　第 1 版

印　　次：2021 年 9 月　第 2 次印刷

书　　号：ISBN 978-7-114-17144-4

总 定 价：55. 00 元(第一、二册)

交通运输部办公厅关于发布《自然灾害综合风险公路承灾体普查技术指南》的通知

交办公路函〔2021〕393号

各省、自治区、直辖市、新疆生产建设兵团交通运输厅(局、委):

为保障自然灾害综合风险公路承灾体普查质量,经交通运输部同意,现发布《自然灾害综合风险公路承灾体普查技术指南》(以下简称《指南》),用于自然灾害综合风险公路承灾体普查工作技术指导。各单位要结合实际,加强研究,提炼经验,与《指南》编制单位加强沟通交流,发现问题及时反馈。《指南》编制单位要注意收集《指南》使用情况,加强技术指导。

部公路局联系电话:010-65292747;编制单位电话:010-65299108,邮箱:zhang. ht@ hmrc. net. cn。

交通运输部办公厅

2021年3月10日

前　　言

2020 年 5 月，国务院办公厅印发《关于开展第一次全国自然灾害综合风险普查的通知》(国办发〔2020〕12 号)，要求通过普查摸清全国自然灾害风险隐患底数，查明重点地区抗灾能力，客观认识全国和各地区自然灾害综合风险水平，为中央和地方各级人民政府有效开展自然灾害防治工作提供权威的灾害风险信息和科学决策依据，切实保障经济社会可持续发展。

交通运输部根据国务院办公厅通知要求和《第一次全国自然灾害综合风险普查总体方案》(国灾险普办发〔2020〕2 号)、《第一次全国自然灾害综合风险普查实施方案(试点版)》(国灾险普办发〔2020〕19 号)，印发《自然灾害综合风险公路水路承灾体普查工作实施方案》(交公路函〔2020〕721 号)，积极推进自然灾害综合风险公路承灾体普查工作。部公路局组织相关单位，编写《自然灾害综合风险公路承灾体普查技术指南》(以下简称《指南》)，以规范指导我国自然灾害综合风险公路承灾体普查工作，旨在掌握公路承灾体自然灾害风险底数，为全国公路运营管理提供灾害风险信息和科学决策依据。

《指南》在编写中考虑充分利用现有年度公路统计数据，便于各级普查人员开展数据采集和审核等工作，并开发了普查数据采集系统。根据北京房山、山东日照岚山“试点大会战”以及全国 122 个试点区县使用情况，针对适用性、便利性等问题进行了修订完善，进一步科学地简化了填报和审核工作流程。同时为了保证普查成果质量，依据《第一次全国自然灾害综合风险普查数据与成果汇交和质量审核办法(试行)》，增加了数据成果质检内容，最终形成数据采集和数据成果质检两个分册。第一册数据采集包括 5 章和 4 个附录，系统规定了自然灾害综合风险公路承灾体普查数据采集的内容、方法及工作流程；第二册数据成果质检包括 6 章和 5 个附录，规定了自然灾害综合风险公路承灾体普查数据与成果质检核查的内容、方法及工作流程。

请各有关单位在实践中注意总结经验，将发现的问题和意见及时函告自然灾害综合风险公路水路承灾体普查领导小组办公室(联系人：张恒通，电话：010-65299108，邮箱：zhang.ht@hmrc.net.cn)，以供完善普查技术指导工作，形成相关行业标准时参考。

本指南编制单位： 交通运输部路网监测与应急处置中心
中交第一公路勘察设计研究院有限公司
中国交通通信信息中心
中国公路工程咨询集团有限公司
贵州省交通规划勘察设计研究院股份有限公司

本指南编写人员： 孙永红　杨　峰　刘卫民　夏旺民　陈　昕　卓　娜
周可夫　张恒通　赵越超　车　晶　孙　钊　王　娟
张蕴灵　潘佩珠　朱启荣　汪　林　石安琪

目　　录

1　总则 ………………………………………………………………………… 1

2　术语 ………………………………………………………………………… 2

3　基本规定 ……………………………………………………………………… 3

　3.1　一般规定 …………………………………………………………………… 3

　3.2　自然灾害类型 ……………………………………………………………… 3

　3.3　工作流程与方法 …………………………………………………………… 3

　3.4　质量管理 …………………………………………………………………… 4

4　公路设施属性信息采集 ……………………………………………………… 5

　4.1　一般规定 …………………………………………………………………… 5

　4.2　采集内容 …………………………………………………………………… 5

　4.3　数据检查 …………………………………………………………………… 10

5　自然灾害风险点信息采集 …………………………………………………… 11

　5.1　一般规定 …………………………………………………………………… 11

　5.2　采集内容 …………………………………………………………………… 11

　5.3　数据检查 …………………………………………………………………… 22

附录 A　地质灾害与水毁分类表 ……………………………………………… 23

附录 B　公路边坡分类及要素 ………………………………………………… 35

附录 C　地质灾害及水毁成因与识别 ………………………………………… 43

附录 D　填报照片示例 ………………………………………………………… 63

1　总则

1.0.1　为规范指导全国自然灾害综合风险公路承灾体普查，对全国公路设施属性信息和自然灾害风险点信息开展普查，以掌握公路承灾体自然灾害风险底数，为全国公路运营管理提供灾害风险信息和科学决策依据，制定本指南。

1.0.2　自然灾害综合风险公路承灾体普查包括数据采集、数据成果质检。

1.0.3　本指南作为数据采集的技术指导，适用于国省干线公路自然灾害风险普查，农村公路可参照执行。

1.0.4　自然灾害综合风险公路承灾体普查应遵循客观、科学的原则，采用简单、可靠、易操作的方式。

1.0.5　自然灾害综合风险公路承灾体普查除应符合本指南的规定外，尚应符合国家和行业现行有关标准的规定。

2 术语

2.0.1 自然灾害综合风险

在特定时段和空间范围内，自然灾害造成的潜在损失大小及其发生的可能性。

2.0.2 公路设施属性信息

反映公路设施特征的内容，包括公路技术等级、路面类型、路面宽度、车道分类、车道数量等基础属性信息，路基、桥梁、隧道、防护设施、排水设施等构筑物信息以及相关设防标准等信息。

2.0.3 自然灾害风险点信息

反映自然灾害特征及危害的内容，包括灾害发生的时间、类型、规模范围、频率，灾害造成的公路构造物损坏、交通中断以及风险点现状等信息。

3 基本规定

3.1 一般规定

3.1.1 数据采集内容包括公路设施属性信息和自然灾害风险点信息。

3.1.2 数据采集由基层管养单位在现场调查的基础上，通过数据采集系统填报资料的方式进行。

3.1.3 各级交通运输主管部门应逐级对采集的数据开展审核上报。

3.2 自然灾害类型

3.2.1 自然灾害综合风险普查主要涉及地质灾害、水旱灾害、地震灾害、气象灾害、海洋灾害、森林和草原火灾。

3.2.2 公路承灾体普查主要针对地质灾害和水旱灾害，其他灾种以相应主管部门普查结果为主，不进行专项调查。

3.2.3 地质灾害主要为崩塌、滑坡、泥石流、沉陷与塌陷，具体见附录A(表A-1～表A-4)。

3.2.4 水旱灾害主要为水毁。本指南中水毁是指临水公路沿线构筑物因受水作用而遭到损坏的现象与过程，具体见附录A(表A-5)。

3.3 工作流程与方法

3.3.1 自然灾害综合风险公路承灾体普查的工作流程，包括制订普查实施方案、数据采集、数据审核、资料归档等。

3.3.2 数据采集以公路路段为单位，根据普查实施方案，采用内外业结合方式，填报公路设施属性信息、自然灾害风险点信息。

3.3.3 数据审核由省、市、县等各级公路承灾体普查部门实施，采用分层级审核，保证采集数据质量。

3.3.4 普查完成后应进行资料归档，包括各类图片、照片、影像、笔录、录音等原始资料和现场调查获得的补充资料等。

3.4　质量管理

普查实行全过程质量控制，各项内容根据实施环节和成果特点，确定过程质量控制的工作节点和程序，制订各阶段质量控制的内容、技术方法和要求、组织实施及监督抽查办法，并做好工作记录。

4 公路设施属性信息采集

4.1 一般规定

4.1.1 公路设施属性信息包括公路路线信息、公路桥梁信息、公路隧道信息和公路高边坡信息。

4.1.2 公路路线、桥梁、隧道的基础信息已按最新养护统计年报数据导入系统，须补充填报抗震设防等级、防洪标准等信息。

4.1.3 公路高边坡信息采取现场调查、资料收集等方式，利用数据采集系统进行填报。

4.2 采集内容

4.2.1 公路路线

1 公路路线信息以路段为填报单元，填报内容具体参见表4.2.1。

表4.2.1 公路路线信息调查表

<table>
<tr><td colspan="8">1. 基本信息</td></tr>
<tr><td>1</td><td>路线名称</td><td colspan="3"></td><td>2</td><td>路线编号</td><td></td></tr>
<tr><td colspan="2">路段起止名称</td><td>3</td><td>起点名称</td><td></td><td>4</td><td>止点名称</td><td></td></tr>
<tr><td colspan="2">路段起止桩号</td><td>5</td><td>起点桩号</td><td></td><td>6</td><td>止点桩号</td><td></td></tr>
<tr><td>7</td><td>路段起点经纬度</td><td colspan="3"></td><td>8</td><td>路段止点经纬度</td><td></td></tr>
<tr><td>9</td><td>里程(km)</td><td colspan="3"></td><td>10</td><td>修建年度</td><td></td></tr>
<tr><td>11</td><td>改建年度</td><td colspan="3"></td><td>12</td><td>管养单位名称</td><td></td></tr>
<tr><td>13</td><td>技术等级</td><td colspan="6">□高速公路 □一级公路 □二级公路 □三级公路 □四级公路 □等外公路</td></tr>
<tr><td>14</td><td>是否一幅高速公路</td><td colspan="3">□是 □否</td><td>15</td><td>车道数量(个)</td><td></td></tr>
<tr><td>16</td><td>面层类型</td><td colspan="6">□沥青混凝土路面 □水泥混凝土路面 □沥青贯入式路面 □沥青碎石路面
□沥青表面处治路面 □砂石路面 □石质路面 □渣石路面 □砖铺路面
□混凝土预制块 □无路面</td></tr>
<tr><td>17</td><td>路基宽度(m)</td><td colspan="3"></td><td>18</td><td>路面宽度(m)</td><td></td></tr>
<tr><td>19</td><td>面层厚度(cm)</td><td colspan="3"></td><td>20</td><td>设计速度(km/h)</td><td></td></tr>
</table>

续上表

21	抗震设防等级*	□<0.05g 或 6 度以下　□0.05g 或 6 度　□0.10g、0.15g 或 7 度 □0.20g、0.30g 或 8 度　□≥0.40g 或 9 度及以上
22	防洪标准*	□10 年一遇　□20 年一遇　□30 年一遇　□50 年一遇　□100 年一遇 □其他____
2. 其他需要说明的信息		
3. 照片(路线典型照片)		

填表单位：　　填表日期：　　年　月　日　　填表人：　　审核人：　　联系电话：

注：带 * 为必填项。

2　公路路线信息调查表填写说明：

1)序号 1 ~20 为公路养护统计年报中已导入数据，不用填报。

2)21 抗震设防等级、22 防洪标准为必填项，依据相关设计文件填报。

3)其他需要说明的信息：主要填写表格中未明确提出的其他需要上报的信息。

4)照片：上传路线典型照片(包括起点照片、终点照片、路面照片)，数量不少于 3 张。

4.2.2　公路桥梁

1　公路桥梁信息以单个桥梁为填报单元，填报内容具体参见表 4.2.2。

表 4.2.2　公路桥梁信息调查表

1. 基本信息					
1	路线名称		2	路线编号	
3	桥梁名称		4	桥梁代码	
5	桥梁中心桩号		6	桥梁经纬度	
7	桥梁全长(m)		8	跨径总长(m)	
9	跨径组合(孔×m)		10	单孔最大跨径(m)	
11	桥梁全宽(m)		12	桥面净宽(m)	
13	建造年度		14	改建年度	
15	管养单位名称				
16	按跨径分类	□特大桥　□大桥　□中桥　□小桥　□涵洞			
17	跨越地物类型	□河流(包括运河、湖泊、干河槽)　□跨海　□沟壑　□管道(大型输送管道) □道路(包括非机动车道)　□铁路　□水渠　□旱地　□其他____			

续上表

18	通航等级	□不通航　□一级　□二级　□三级　□四级　□五级　□六级　□七级
19	主桥上部结构类型	□空心板梁　□整体浇筑板　□T 梁　□Ⅰ形梁　□Ⅱ形梁　□箱形梁 □桁架梁　□实心板梁　□肋板梁　□组合式梁　□连续 T 梁　□连续箱梁 □悬臂梁　□板拱　□肋拱　□双曲拱　□箱形拱　□桁架拱　□刚架拱 □系杆拱　□其他拱桥　□门式刚构　□斜腿刚构　□T 形刚构　□连续刚构 □悬索桥　□自锚悬索桥　□斜拉桥　□其他桥
20	主桥上部结构材料	□混凝土　□钢筋混凝土　□钢管混凝土　□钢混组合　□预应力钢筋混凝土 □石　□其他圬工材料　□钢　□木　□混合材料　□其他材料____
21	墩台防撞设施类型	□软防护　□硬防护　□无防护
22	桥梁评定等级	□一类　□二类　□三类　□四类　□五类　□未评定
23	桥墩类型	□无　□重力式墩　□单柱墩　□双柱式墩　□多柱式墩　□桁架式墩 □构架式墩　□双壁墩　□X 形墩　□Y 形墩　□V 形墩　□H 形墩　□薄壁墩 □石砌轻型墩　□混合式墩　□其他____
24	设计荷载等级	□公路—Ⅰ级　□公路—Ⅱ级　□汽车—超 20 级　□汽车—20 级　□汽车—15 级 □汽车—13 级　□汽车—10 级　□低于汽车—10 级
25	抗震设防等级	□ $<0.05g$ 或 6 度以下　□ $0.05g$ 或 6 度　□ $0.10g$、$0.15g$ 或 7 度 □ $0.20g$、$0.30g$ 或 8 度　□ $\geq 0.40g$ 或 9 度及以上
26	防洪标准*	□10 年一遇　□20 年一遇　□30 年一遇　□50 年一遇　□100 年一遇 □其他____
2. 其他需要说明的信息		
3. 照片		

填表单位：　　填表日期：　　年　月　日　　填表人：　　审核人：　　联系电话：

注：带 * 为必填项。

2　公路桥梁信息调查表填写说明：

1）序号 1～25 为公路养护统计年报中已导入数据，不用填报。

2）26 防洪标准为必填项，依据相关设计文件填报。

3）其他需要说明的信息：主要填写表格中未明确提出的其他需要上报的信息。

4）照片：上传桥梁的全貌照片及局部照片（桥面、墩台、锥坡等），数量不少于 3 张。

4.2.3　公路隧道

1　公路隧道信息以单个隧道为填报单元，填报内容具体参见表 4.2.3。

表 4.2.3　公路隧道信息调查表

<table>
<tr><td colspan="6">1. 基本信息</td></tr>
<tr><td>1</td><td>路线名称</td><td></td><td>2</td><td>路线编号</td><td></td></tr>
<tr><td>3</td><td>隧道名称</td><td></td><td>4</td><td>隧道代码</td><td></td></tr>
<tr><td>5</td><td>隧道中心桩号</td><td></td><td>6</td><td>隧道经纬度</td><td></td></tr>
<tr><td>7</td><td>隧道长度(m)</td><td></td><td>8</td><td>隧道净宽(m)</td><td></td></tr>
<tr><td>9</td><td>隧道净高(m)</td><td></td><td>10</td><td>是否水下隧道</td><td>□是　□否</td></tr>
<tr><td>11</td><td>修建年度</td><td></td><td>12</td><td>改造年度</td><td></td></tr>
<tr><td>13</td><td>管养单位名称</td><td colspan="4"></td></tr>
<tr><td>14</td><td>隧道按长度分类</td><td colspan="4">□特长隧道　□长隧道　□中隧道　□短隧道</td></tr>
<tr><td colspan="2" rowspan="4">技术状况评定情况</td><td>15</td><td>总体</td><td colspan="2">□一类　□二类　□三类　□四类　□五类</td></tr>
<tr><td>16</td><td>土建结构</td><td colspan="2">□一类　□二类　□三类　□四类　□五类</td></tr>
<tr><td>17</td><td>机电设施</td><td colspan="2">□一类　□二类　□三类　□四类　□五类</td></tr>
<tr><td>18</td><td>其他工程设施</td><td colspan="2">□一类　□二类　□三类　□四类　□五类</td></tr>
<tr><td>19</td><td>抗震设防等级*</td><td colspan="4">□ <0.05g 或 6 度以下　□0.05g 或 6 度　□0.10g、0.15g 或 7 度
□0.20g、0.30g 或 8 度　□≥0.40g 或 9 度及以上</td></tr>
<tr><td>20</td><td>防洪标准*</td><td colspan="4">□10 年一遇　□20 年一遇　□30 年一遇　□50 年一遇　□100 年一遇
□其他____</td></tr>
<tr><td colspan="6">2. 其他需要说明的信息</td></tr>
<tr><td colspan="6">3. 照片</td></tr>
</table>

填表单位：　　填表日期：　　年　月　日　　填表人：　　审核人：　　联系电话：

注：带 * 为必填项。

2　公路隧道信息调查表填写说明：

1)序号 1 ~18 为公路养护统计年报中已导入数据，不用填报。

2)19 抗震设防等级、20 防洪标准为必填项，依据相关设计文件填报。

3)其他需要说明的信息：主要填写表格中未明确提出的其他需要上报的信息。

4)照片：上传隧道的进出口全貌照片(包含边仰坡)，数量不少于 3 张。

4.2.4　公路高边坡

1　高边坡是指土质边坡高度大于 20m，岩质边坡高度大于 30m 的人工边坡。

2　公路高边坡信息以单个高边坡为填报单元，填报内容具体参见表 4.2.4。

表 4.2.4 公路高边坡信息调查表

1. 基本信息					
1	路线名称*		2	路线编号*	
3	高边坡名称*		4	高边坡编号*	
5	边坡起点桩号*		6	边坡止点桩号*	
7	边坡起点经纬度*		8	边坡止点经纬度*	
9	建造年度		10	改建年度	
11	管养单位名称				
12	技术等级	□高速公路 □一级公路 □二级公路 □三级公路 □四级公路 □等外公路			
13	边坡长度(m)		14	车道数量(个)	
15	路基宽度(m)		16	路面宽度(m)	
17	面层类型	□沥青混凝土路面 □水泥混凝土路面 □沥青贯入式路面 □沥青碎石路面 □沥青表面处治路面 □砂石路面 □石质路面 □渣石路面 □砖铺路面 □混凝土预制块 □无路面			
边坡类型*		18	□路堤边坡 边坡特征：坡高___m，坡度___度，分级___级 是否临河：□是 □否 临河地形：□凹岸 □凸岸 □直线段		
		19	□路堑边坡 边坡特征：坡高___m，坡度___度，分级___级 岩性：□土质 □岩质 □土石混合		
排水设施类型*		20	地表排水设施：□无 □边沟 □截水沟 □排水沟 □跌水与急流槽 □其他___		
		21	地下排水设施：□无 □暗沟(管) □渗沟 □渗井、排水隧洞 □仰斜排水孔 □其他___		
防护设施类型*		22	坡面防护：□无 □植物防护 □骨架防护 □挂网喷护 □片石护坡 □护面墙 □其他___		
		23	沿河防护：□无 □植物防护 □砌石或混凝土护坡 □石笼防护 □浸水挡墙 □护坦 □抛石 □排桩 □丁坝、顺坝 □其他___		
		24	支挡设施：□无 □挡墙 □抗滑桩 □锚(杆)索 □框架 □其他___		
25	抗震设防等级*	□ $<0.05g$ 或 6 度以下 □ $0.05g$ 或 6 度 □ $0.10g$、$0.15g$ 或 7 度 □ $0.20g$、$0.30g$ 或 8 度 □ $\geq 0.40g$ 或 9 度及以上			
26	防洪标准*	□10 年一遇 □20 年一遇 □30 年一遇 □50 年一遇 □100 年一遇 □其他___			
2. 其他需要说明的信息					
3. 照片(边坡典型照片)*					

填表单位： 填表日期： 年 月 日 填表人： 审核人： 联系电话：

注：带 * 为必填项。

3　公路高边坡信息调查表填写说明:

1)1 路线名称、2 路线编号根据《公路养护统计报表制度》规定填写。

2)3 高边坡名称,按“里程桩号+段高边坡”填写(例如“K0+000 至 K0+100 段高边坡”)。

3)4 高边坡编号,按“路线编号+县级行政区划代码+B+四位编号+L(R)”进行编号(边坡四位编码后加 L 或 R 代表左侧或右侧,例如 G75520303B0002L)。

4)5 边坡起点桩号、6 边坡止点桩号根据现场调查填写;13 边坡长度根据边坡起点桩号、止点桩号计算得出。

5)7 边坡起点经纬度、8 边坡止点经纬度利用数据采集系统移动端 App 进行采集。

6)序号 9~12、14~17 根据路线编号从公路养护统计报表中提取。

7)序号 18~24 根据实际情况参考附录 B 填报。

8)25 抗震设防等级、26 防洪标准依据相关设计文件填报。

9)其他需要说明的信息:主要填写表格中未明确提出的其他需要上报的信息。

10)照片:上传填报高边坡的全貌照片及局部照片(防护设施、排水设施),数量不少于 3 张。

4.3　数据检查

4.3.1　采集人员在上报数据前,应进行人工检查和系统校验性检查。

4.3.2　数据检查内容包括字段数量、名称、类型、长度、数据间关系等。

5 自然灾害风险点信息采集

5.1 一般规定

5.1.1 自然灾害风险点信息包括风险点基本信息、历史和现状特征等。

5.1.2 自然灾害风险点信息采取现场调查、资料收集等方式，利用数据采集系统进行填报。

5.1.3 自然灾害风险点信息按照不同灾种分别进行数据采集，风险点识别参考附录C。

5.2 采集内容

5.2.1 崩塌

1 崩塌风险点信息填报内容具体参见表5.2.1。

表5.2.1 崩塌风险点信息调查表

<table>
<tr><td>1</td><td>灾害名称*</td><td colspan="4"></td><td>2</td><td>灾害编号*</td><td colspan="2"></td></tr>
<tr><td>3</td><td>路线名称*</td><td colspan="4"></td><td>4</td><td>起止点经纬度*</td><td>E:</td><td>N:</td></tr>
<tr><td>5</td><td>路线编号</td><td colspan="4"></td><td>6</td><td>技术等级</td><td colspan="2"></td></tr>
<tr><td>7</td><td>起止点桩号*</td><td colspan="2">起点桩号:</td><td colspan="2">止点桩号:</td><td>8</td><td>管养单位名称</td><td colspan="2"></td></tr>
<tr><td colspan="2" rowspan="2">坡体特征</td><td>9</td><td colspan="2">坡体结构*</td><td colspan="5">□岩质 □土质 □土石混合</td></tr>
<tr><td>10</td><td colspan="2">坡高(m)*</td><td></td><td>11</td><td>坡度(°)*</td><td colspan="2"></td></tr>
<tr><td colspan="2" rowspan="7">灾害历史特征</td><td>12</td><td colspan="2">是否发生灾害*</td><td colspan="5">□是 □否</td></tr>
<tr><td>13</td><td colspan="2">灾害最近发生时间*</td><td>年 月 日</td><td>14</td><td>灾害发生频次*</td><td colspan="2">近10年发生次数:</td></tr>
<tr><td>15</td><td colspan="2">断通状况*</td><td colspan="5">□交通中断 □半幅通行 □双向通行</td></tr>
<tr><td>16</td><td colspan="2">危害对象*</td><td colspan="5">□桥梁 □隧道洞口 □路基 □涵洞 □服务区 □停车区 □收费站 □其他____</td></tr>
<tr><td>17</td><td colspan="2">危害程度*</td><td colspan="5">□严重 □较严重 □一般 □轻微</td></tr>
<tr><td>18</td><td colspan="2">灾害处置情况*</td><td colspan="5">□已处置修复 □未处置修复 □正在处置修复</td></tr>
</table>

续上表

风险点现状特征	裂缝*		19	□有　□无
			20	位置：□坡顶　□坡中　□坡脚　□路基　□其他____
	结构物破损情况*		21	□有　□无
		破损部位	22	排水：□无　□边沟　□截水沟　□排水沟　□跌水与急流槽　□其他____
			23	坡面防护：□无　□植物防护　□骨架防护　□挂网喷护　□片石护坡　□护面墙　□其他____
			24	沿河防护：□无　□植物防护　□砌石或混凝土护坡　□石笼防护　□浸水挡墙　□护坦　□抛石　□排桩　□丁坝、顺坝　□其他____
			25	支挡设施：□无　□挡墙　□抗滑桩　□锚(杆)索　□框架　□其他____
			26	桥梁：□无　□桥面系　□支座　□上部承重结构　□桥墩、桥台　□基础　□其他____
			27	隧道：□无　□洞门　□边坡　□仰坡　□洞身　□仰拱　□顶拱　□边墙　□其他____
			28	其他：□其他____
	29	灾害发育程度*		□无　□轻微　□中等　□严重
风险点特征描述	主要对风险点灾害历史特征、现状特征以及对公路可能造成的危害等进行描述			
示意图及照片*	平面图或全貌照片(反映崩塌体特征及范围、与危害对象关系)，剖面图或局部照片(包括危岩结构、破损设施、裂缝特征等)			

填表单位：　　填表日期：　　年　月　日　　填表人：　　审核人：　　联系电话：

注：带*为必填项。

2　崩塌风险点信息调查表填写说明：

1)1 灾害名称按“中心桩号+崩塌”填写(例如“K0+150崩塌”)。

2)2 灾害编号按“路线编号+县级行政区划代码+BT+四位数字”进行编号(例如“G16210323BT0004”)。

3)3 路线名称、5 路线编号根据《公路养护统计报表制度》规定填写。

4)4 起止点经纬度利用数据采集系统移动端App进行采集。

5)6 技术等级、8 管养单位名称根据路线编号从公路养护统计报表中提取。

6)7 起止点桩号根据现场调查填写起点桩号和止点桩号(例如起点桩号K0+100，止点桩号K0+200)。

7)9 坡体结构、10 坡高、11 坡度根据实际情况参考附录B填报。

8）灾害历史特征中，序号12～16、18根据实际情况填报，17危害程度按表5.2.6进行分级选取。

9）崩塌风险点现状特征中，序号19～28根据裂缝分布、结构物破损情况等进行填报，29灾害发育程度按表5.2.7-1进行分级选取。

10）风险点特征描述：对风险点历史特征、现状特征以及危害特征进行文字描述。

11）示意图及照片：崩塌平面图或全貌照片应反映崩塌体特征及范围、与危害对象关系，剖面图或局部照片包括危岩结构、破损设施、裂缝特征等；数量不少于3张。

5.2.2 滑坡

1 滑坡风险点信息填报内容具体参见表5.2.2。

表5.2.2 滑坡风险点信息调查表

<table>
<tr><td>1</td><td>灾害名称*</td><td colspan="4"></td><td>2</td><td>灾害编号*</td><td colspan="2"></td></tr>
<tr><td>3</td><td>路线名称*</td><td colspan="4"></td><td>4</td><td>起止点经纬度*</td><td>E：</td><td>N：</td></tr>
<tr><td>5</td><td>路线编号</td><td colspan="4"></td><td>6</td><td>技术等级</td><td colspan="2"></td></tr>
<tr><td>7</td><td>起止点桩号*</td><td colspan="2">起点桩号：</td><td colspan="2">止点桩号：</td><td>8</td><td>管养单位名称</td><td colspan="2"></td></tr>
<tr><td colspan="2" rowspan="2">坡体特征</td><td>9</td><td>坡体结构*</td><td colspan="6">□岩质 □土质 □土石混合</td></tr>
<tr><td>10</td><td>坡高(m)*</td><td colspan="2"></td><td>11</td><td>坡度(°)*</td><td colspan="2"></td></tr>
<tr><td colspan="2" rowspan="7">灾害历史特征</td><td>12</td><td>是否发生灾害*</td><td colspan="6">□是 □否</td></tr>
<tr><td>13</td><td>灾害最近发生时间*</td><td colspan="2">年 月 日</td><td>14</td><td>灾害发生频次*</td><td colspan="2">近10年发生的次数：</td></tr>
<tr><td>15</td><td>断通状况*</td><td colspan="6">□交通中断 □半幅通行 □双向通行</td></tr>
<tr><td>16</td><td>危害对象*</td><td colspan="6">□桥梁 □隧道洞口 □路基 □涵洞 □服务区 □停车区
□收费站 □其他____</td></tr>
<tr><td>17</td><td>危害程度*</td><td colspan="6">□严重 □较严重 □一般 □轻微</td></tr>
<tr><td>18</td><td>灾害处置情况*</td><td colspan="6">□已处置修复 □未处置修复 □正在处置修复</td></tr>
<tr><td colspan="8"></td></tr>
<tr><td colspan="2" rowspan="6">风险点现状特征*</td><td rowspan="2">裂缝*</td><td>19</td><td colspan="6">□有 □无</td></tr>
<tr><td>20</td><td colspan="6">位置：□坡顶 □坡中 □坡脚 □路基 □其他____</td></tr>
<tr><td rowspan="4">结构物破损情况*</td><td>21</td><td colspan="6">□有 □无</td></tr>
<tr><td rowspan="3">破损设施</td><td>22</td><td colspan="5">排水：□无 □边沟 □截水沟 □排水沟 □跌水与急流槽
□其他____</td></tr>
<tr><td>23</td><td colspan="5">坡面防护：□无 □植物防护 □骨架防护 □挂网喷护
□片石护坡 □护面墙 □其他____</td></tr>
<tr><td>24</td><td colspan="5">沿河防护：□无 □植物防护 □砌石或混凝土护坡
□石笼防护 □浸水挡墙 □护坦 □抛石 □排桩
□丁坝、顺坝 □其他____</td></tr>
</table>

续上表

<table>
<tr><td rowspan="5">风险点现状特征*</td><td rowspan="4">结构物破损情况*</td><td rowspan="4">破损设施</td><td>25</td><td>支挡设施：□无　□挡墙　□抗滑桩　□锚(杆)索　□框架
□其他____</td></tr>
<tr><td>26</td><td>桥梁：□无　□桥面系　□支座　□上部承重结构
□桥墩、桥台　□基础　□其他____</td></tr>
<tr><td>27</td><td>隧道：□无　□洞门　□边坡　□仰坡　□洞身　□仰拱
□顶拱　□边墙　□其他____</td></tr>
<tr><td>28</td><td>其他：□其他____</td></tr>
<tr><td>29</td><td colspan="2">灾害发育程度*</td><td>□无　□轻微　□中等　□严重</td></tr>
<tr><td>风险点特征描述</td><td colspan="4">主要对风险点灾害历史特征、现状特征以及对公路可能造成的危害等进行描述</td></tr>
<tr><td>示意图及照片*</td><td colspan="4">平面图或全貌照片(反映滑坡体特征及范围、与危害对象关系)，剖面图或局部照片(包括滑坡结构、破损设施、裂缝特征、地下水出露等)</td></tr>
</table>

填表单位：　　　填表日期：　　　年　月　日　　填表人：　　　审核人：　　　　联系电话：

注：带*项为必填项。

2　滑坡风险点信息调查表填写说明：

1)1 灾害名称按“中心桩号 + 滑坡”填写(例如“K0 +150 滑坡”)。

2)2 灾害编号按“路线编号 + 县级行政区划代码 + HP + 四位数字”编号(例如“G55421022HP0003”)。

3)3 路线名称、5 路线编号根据《公路养护统计报表制度》规定填写。

4)4 起止点经纬度利用数据采集系统移动端 App 进行采集。

5)6 技术等级、8 管养单位名称根据路线编号从公路养护统计报表中提取。

6)7 起止点桩号根据现场调查填写起点桩号和止点桩号(例如起点桩号 K0 +100，止点桩号 K0 +200)。

7)9 坡体结构、10 坡高、11 坡度根据实际情况参考附录 B 填报。

8)灾害历史特征中，序号 12 ~16、18 根据实际情况填报，17 危害程度按表 5. 2. 6 进行分级选取。

9)滑坡风险点现状特征中，序号 19 ~28 根据裂缝分布、结构物破损情况等进行填报，29 灾害发育程度按表 5. 2. 7-2 进行分级选取。

10)风险点特征描述：对风险点历史特征、现状特征以及危害特征进行文字描述。

11)示意图及照片：滑坡平面图或全貌照片应反映滑坡体特征及范围、与危害对象关系，剖面图或局部照片包括滑坡结构、破损设施、裂缝特征、地下水出露等；数量不少于 3 张。

5.2.3 泥石流

1 泥石流风险点信息填报内容具体参见表5.2.3。

表5.2.3 泥石流风险点信息调查表

1	灾害名称*		2	灾害编号*		
3	路线名称*		4	起止点经纬度*	E：	N：
5	路线编号		6	技术等级		
7	起止点桩号*	起点桩号： 止点桩号：	8	管养单位名称		
灾害历史特征	9	是否发生灾害*	□是 □否			
	10	灾害最近发生时间*	年 月 日	11	灾害发生频次*	近10年发生的次数：
	12	泥石流类型*	□山坡型 □沟谷型			
	影响范围*	13 长度(m)*		14 宽度(m)*		15 厚度(m)*
	16	断通状况*	□交通中断 □半幅通行 □双向通行			
	17	危害对象*	□桥梁 □隧道洞口 □路基 □涵洞 □服务区 □停车区 □收费站 □其他____			
	18	危害程度*	□严重 □较严重 □一般 □轻微			
	19	灾害处置情况*	□已处置修复 □未处置修复 □正在处置修复			
风险点现状特征	结构物破损情况*	20	□有 □无			
		破损设施	21	排水：□无 □边沟 □截水沟 □排水沟 □跌水与急流槽 □其他____		
			22	坡面防护：□无 □植物防护 □骨架防护 □挂网喷护 □片石护坡 □护面墙 □其他____		
			23	沿河防护：□无 □植物防护 □砌石或混凝土护坡 □石笼防护 □浸水挡墙 □护坦 □抛石 □排桩 □丁坝、顺坝 □其他____		
			24	支挡设施：□无 □挡墙 □抗滑桩 □锚(杆)索 □框架 □其他____		
			25	桥梁：□无 □桥面系 □支座 □上部承重结构 □桥墩、桥台 □基础 □其他____		
			26	隧道：□无 □洞门 □边坡 □仰坡 □洞身 □仰拱 □顶拱 □边墙 □其他____		
			27	其他：□其他____		
	28	灾害发育程度*	□无 □轻微 □中等 □严重			
风险点特征描述	主要对风险点灾害历史情况、灾害发育情况以及对公路可能造成的危害等进行描述					
示意图及照片*	示意图或照片(包括平面及断面图或遥感影像、公路设施及其受损情况照片、泥石流堆积情况照片)					

填表单位： 填表日期： 年 月 日 填表人： 审核人： 联系电话：

注：带*项为必填项。

2　泥石流风险点信息调查表填写说明：

1）1 灾害名称按“中心桩号 + 泥石流”填写（例如“K0 +100 泥石流”）。

2）2 灾害编号按“路线编号 + 县级行政区划代码 + NL + 四位数字”编号（例如“G0612632802NL0001”）。

3）3 路线名称、5 路线编号根据《公路养护统计报表制度》规定填写。

4）4 起止点经纬度利用数据采集系统移动端 App 进行采集。

5）6 技术等级、8 管养单位名称根据路线编号从公路养护统计报表中提取。

6）7 起止点桩号根据现场调查填写起点桩号和止点桩号（例如起点桩号 K0 +100，止点桩号 K0 +200）。

7）灾害历史特征中，序号 9 ~ 17、19 根据实际情况填报，18 危害程度按表 5. 2. 6 进行分级选取。

8）风险点现状特征中，序号 20 ~ 27 根据实际情况进行填报，28 灾害发育程度按表 5. 2. 7-3 进行分级选取。

9）风险点特征描述：对风险点历史特征、现状特征以及危害特征进行文字描述。

10）示意图及照片：包括平面及断面图或遥感影像、公路设施及其受损情况照片、泥石流堆积情况照片；数量不少于 3 张。

5. 2. 4　沉陷与塌陷

1　沉陷与塌陷风险点信息填报内容具体参见表 5. 2. 4。

表 5. 2. 4　沉陷与塌陷风险点信息调查表

<table>
<tr><td>1</td><td colspan="2">灾害名称*</td><td colspan="2"></td><td>2</td><td>灾害编号*</td><td colspan="2"></td></tr>
<tr><td>3</td><td colspan="2">路线名称*</td><td colspan="2"></td><td>4</td><td>起止点经纬度*</td><td>E：</td><td>N：</td></tr>
<tr><td>5</td><td colspan="2">路线编号</td><td colspan="2"></td><td>6</td><td>技术等级</td><td colspan="2"></td></tr>
<tr><td>7</td><td colspan="2">起止点桩号*</td><td>起点桩号：</td><td>止点桩号：</td><td>8</td><td>管养单位名称</td><td colspan="2"></td></tr>
<tr><td rowspan="10">灾害历史特征</td><td>9</td><td>是否发生灾害*</td><td colspan="6">□是　□否</td></tr>
<tr><td>10</td><td>灾害最近发生时间*</td><td colspan="2">年　月　日</td><td>11</td><td>灾害发生频次*</td><td colspan="2">近 10 年发生次数：</td></tr>
<tr><td>12</td><td>规模*</td><td colspan="6">长度____m　宽度____m</td></tr>
<tr><td>13</td><td>触发因素*</td><td colspan="6">□采空区　□黄土陷穴　□岩溶　□地下水　□其他____</td></tr>
<tr><td>14</td><td>断通状况*</td><td colspan="6">□交通中断　□半幅通行　□双向通行</td></tr>
<tr><td>15</td><td>危害形式*</td><td colspan="6">□整体沉陷　□局部塌陷　□塌陷</td></tr>
<tr><td>16</td><td>危害对象*</td><td colspan="6">□桥梁　□隧道洞口　□路基　□涵洞　□服务区　□停车区
□收费站　□其他____</td></tr>
<tr><td>17</td><td>危害程度*</td><td colspan="6">□严重　□较严重　□一般　□轻微</td></tr>
<tr><td>18</td><td>灾害处置情况*</td><td colspan="6">□已处置修复　□未处置修复　□正在处置修复</td></tr>
</table>

续上表

<table>
<tr><td rowspan="12">风险点现状特征</td><td rowspan="2">裂缝*</td><td>19</td><td colspan="2">□有 □无</td></tr>
<tr><td>20</td><td colspan="2">位置：□路面 □路基 □路堑 □其他____</td></tr>
<tr><td rowspan="9">结构物破损情况*</td><td>21</td><td colspan="2">□有 □无</td></tr>
<tr><td rowspan="8">破损设施</td><td>22</td><td>排水：□无 □边沟 □截水沟 □排水沟 □跌水与急流槽 □其他____</td></tr>
<tr><td>23</td><td>坡面防护：□无 □植物防护 □骨架防护 □挂网喷护 □片石护坡 □护面墙 □其他____</td></tr>
<tr><td>24</td><td>沿河防护：□无 □植物防护 □砌石或混凝土护坡 □石笼防护 □浸水挡墙 □护坦 □抛石 □排桩 □丁坝、顺坝 □其他____</td></tr>
<tr><td>25</td><td>支挡设施：□无 □挡墙 □抗滑桩 □锚(杆)索 □框架 □其他____</td></tr>
<tr><td>26</td><td>桥梁：□无 □桥面系 □支座 □上部承重结构 □桥墩、桥台 □基础 □其他____</td></tr>
<tr><td>27</td><td>隧道：□无 □洞门 □边坡 □仰坡 □洞身 □仰拱 □顶拱 □边墙 □其他____</td></tr>
<tr><td>28</td><td>其他：□其他____</td></tr>
<tr><td></td><td></td></tr>
<tr><td>29</td><td colspan="2">灾害发育程度*</td><td>□无 □轻微 □中等 □严重</td></tr>
<tr><td>风险点特征描述</td><td colspan="4">主要对风险点灾害历史情况、灾害发育情况以及对公路可能造成的危害等进行描述</td></tr>
<tr><td>示意图及照片*</td><td colspan="4">平面图或全貌照片(反映沉陷与塌陷特征及范围、与危害对象关系)，剖面图或局部照片(反映构筑物破损情况、裂缝分布情况等)</td></tr>
</table>

填表单位： 填表日期： 年 月 日 填表人： 审核人： 联系电话：

注：带＊项为必填项。

2 沉陷与塌陷风险点信息调查表填写说明：

1)1 灾害名称按“中心桩号 + 沉陷塌陷”填写(例如“K0 + 100 沉陷塌陷”)。

2)2 灾害编号按“路线编号 + 县级行政区划代码 + CT + 四位数字”编号(例如“S81520303CT0001”)。

3)3 路线名称、5 路线编号根据《公路养护统计报表制度》规定填写。

4)4 起止点经纬度利用数据采集系统移动端 App 进行采集。

5)6 技术等级、8 管养单位名称根据路线编号从公路养护统计报表中提取。

6)7 起止点桩号根据现场调查填写起点桩号和止点桩号(例如起点桩号 K0 + 100，止点桩号 K0 + 200)。

7)灾害历史特征中，序号 9 ~ 16、18 根据实际情况填报，17 危害程度按表 5.2.6 进行分级选取。

8)风险点现状特征中，序号 19 ~ 28 根据实际情况进行填报，29 灾害发育程度按表 5.2.7-4 进行分级选取。

9)风险点特征描述：对风险点历史特征、现状特征以及危害特征进行文字描述。

10)示意图及照片：平面图或全貌照片应反映沉陷与塌陷特征及范围、与危害对象关系，剖面图或局部照片应反映构筑物破损情况、裂缝分布情况等；数量不少于3张。

5.2.5　水毁

1　水毁风险点信息填报内容具体参见表5.2.5。

表5.2.5　水毁风险点信息调查表

<table>
<tr><td>1</td><td colspan="2">灾害名称*</td><td colspan="2"></td><td>2</td><td>灾害编号*</td><td colspan="2"></td></tr>
<tr><td>3</td><td colspan="2">路线名称*</td><td colspan="2"></td><td>4</td><td>起止点经纬度*</td><td>E：</td><td>N：</td></tr>
<tr><td>5</td><td colspan="2">路线编号</td><td colspan="2"></td><td>6</td><td>技术等级</td><td colspan="2"></td></tr>
<tr><td>7</td><td colspan="2">起止点桩号*</td><td>起点桩号：</td><td>止点桩号：</td><td>8</td><td>管养单位名称</td><td colspan="2"></td></tr>
<tr><td rowspan="12">灾害历史特征</td><td>9</td><td colspan="2">是否发生灾害*</td><td colspan="5">□是　□否</td></tr>
<tr><td>10</td><td>灾害最近发生时间*</td><td colspan="2">年　月　日</td><td>11</td><td>灾害发生频次*</td><td colspan="2">近10年发生次数：</td></tr>
<tr><td>12</td><td>水毁规模*</td><td colspan="6">长度____m　宽度____m</td></tr>
<tr><td>13</td><td>地形特征*</td><td colspan="6">□凹岸　□凸岸　□直线段</td></tr>
<tr><td>14</td><td>水毁部位*</td><td colspan="6">□路基　□桥梁　□涵洞　□路面　□隧道　□其他____</td></tr>
<tr><td>15</td><td>水毁类型*</td><td colspan="6">□路面浸泡　□路基冲蚀　□冲击　□淹没　□其他____</td></tr>
<tr><td>16</td><td>断通状况*</td><td colspan="6">□交通中断　□半幅通行　□双向通行</td></tr>
<tr><td>17</td><td>危害方式*</td><td colspan="6">□冲击　□堵塞　□浸泡　□淹没　□其他____</td></tr>
<tr><td>18</td><td>危害对象*</td><td colspan="6">□桥梁　□隧道洞口　□路基　□涵洞　□服务区　□停车区
□收费站　□其他____</td></tr>
<tr><td>19</td><td>危害程度*</td><td colspan="6">□严重　□较严重　□一般　□轻微</td></tr>
<tr><td>20</td><td>灾害处置修复情况*</td><td colspan="6">□已处置修复　□未处置修复　□正在处置修复</td></tr>
<tr><td rowspan="10">风险点现状特征</td><td rowspan="9">结构物破损情况*</td><td>21</td><td colspan="6">□有　□无</td></tr>
<tr><td rowspan="7">破损设施</td><td>22</td><td colspan="5">排水：□无　□边沟　□截水沟　□排水沟　□跌水与急流槽　□其他____</td></tr>
<tr><td>23</td><td colspan="5">坡面防护：□无　□植物防护　□骨架防护　□挂网喷护　□片石护坡
□护面墙　□其他____</td></tr>
<tr><td>24</td><td colspan="5">沿河防护：□无　□植物防护　□砌石或混凝土护坡　□石笼防护
□浸水挡墙　□护坦　□抛石　□排桩　□丁坝、顺坝
□其他____</td></tr>
<tr><td>25</td><td colspan="5">支挡设施：□无　□挡墙　□抗滑桩　□锚(杆)索　□框架　□其他____</td></tr>
<tr><td>26</td><td colspan="5">桥梁：□无　□桥面系　□支座　□上部承重结构　□桥墩、桥台
□基础　□其他____</td></tr>
<tr><td>27</td><td colspan="5">隧道：□无　□洞门　□边坡　□仰坡　□洞身　□仰拱　□顶拱
□边墙　□其他____</td></tr>
<tr><td>28</td><td colspan="5">其他：□其他____</td></tr>
<tr><td colspan="7"></td></tr>
<tr><td>29</td><td colspan="2">灾害发育程度*</td><td colspan="5">□无　□轻微　□中等　□严重</td></tr>
</table>

续上表

风险点特征描述	主要对风险点灾害历史情况、灾害发育情况以及对公路可能造成的危害等进行描述
示意图及照片*	示意图或照片(包括平面及断面图、公路设施及其受损情况照片)

填表单位：　　　填表日期：　　　年　月　日　　填表人：　　　审核人：　　　联系电话：

注：带*项为必填项。

2　水毁风险点信息调查表填表说明：

1)1 灾害名称按“中心桩号 + 水毁”填报(例如“K0 + 100 水毁”)。

2)2 灾害编号按“路线编号 + 县级行政区划代码 + SH + 四位数字”编号(例如“G16210323SH0002”)。

3)3 路线名称、5 路线编号根据《公路养护统计报表制度》规定填写。

4)4 起止点经纬度利用数据采集系统移动端 App 进行采集。

5)6 技术等级、8 管养单位名称根据路线编号从公路养护统计报表中提取。

6)7 起止点桩号根据现场调查填写起点桩号和止点桩号(例如起点桩号 K0 + 100，止点桩号 K0 + 200)。

7)灾害历史特征中，序号 9 ~ 18、20 根据实际情况填报，19 危害程度按表 5.2.6 进行分级选取。

8)风险点现状特征中，序号 21 ~ 28 根据实际情况进行填报，29 灾害发育程度按表 5.2.7-5 进行分级选取。

9)风险点特征描述：对风险点历史特征、现状特征以及危害特征进行文字描述。

10)示意图及照片：包括平面及断面图、公路设施及其受损情况照片等；数量不少于 3 张。

5.2.6　灾害对公路的危害程度按表 5.2.6，划分为严重、较严重、一般、轻微四级。

表 5.2.6　灾害对公路的危害程度分级

危害程度级别	危害程度表述
严重	有下列情形之一者为“严重”： 1. 公路及其构筑物完全破坏或功能完全丧失，交通毁坏或中断； 高速公路、普通国道抢修、处置时间 48 小时以上； 县道、乡道抢修、处置时间 48 小时以上，且短期内难以修复。 2. 直接经济损失大于 1000 万元

续上表

危害程度级别	危害程度表述
较严重	有下列情形之一者为“较严重”： 1. 公路及其构筑物遭到较大破坏或功能受到较大影响，需要进行专门加固治理后才能投入正常运用； 国道、省道抢修、处置时间24小时以上； 县道、乡道抢修、处置时间48小时以上。 2. 直接经济损失为500万～1000万元
一般	有下列情形之一者为“一般”： 1. 公路及其构筑物遭到一些破坏或功能受到一些影响，及时修复后仍能使用； 国道、省道抢修、处置时间6小时以上； 县道、乡道抢修、处置时间24小时以上。 2. 直接经济损失为100万～500万元
轻微	有下列情形之一者为“轻微”： 1. 国道、省道及其构筑物仅受很小的影响，公路及构筑物基本功能影响不大，未造成交通中断； 县道、乡道抢修、处置时间12小时以上。 2. 直接经济损失小于100万元

5.2.7　不同灾种的灾害发育程度按表5.2.7-1～表5.2.7-5进行划分。

表5.2.7-1　崩塌发育程度分级

灾害发育程度	分 级 表 述
严重	满足下述3项及以上者为“严重”： 1. 崩塌危岩体体积大于1000m^3。 2. 崩塌危岩体与母岩之间存在宽度大于20mm的贯通裂缝，裂缝内近期有碎石土流出或掉块。 3. 崩塌危岩体底部岩土体有压碎或压裂现象。 4. 坡面、防护设施变形破损严重
中等	满足下述3项及以上者为“中等”： 1. 崩塌危岩体体积为100～1000m^3。 2. 崩塌危岩体与母岩之间存在宽度大于5mm的贯通裂缝，裂缝内近期有少量碎石土流出或掉块。 3. 崩塌危岩体底部岩土体有轻微压碎或压裂现象。 4. 坡面、防护设施局部变形破损
轻微	满足下述3项及以上者为“轻微”： 1. 崩塌危岩体体积小于100m^3。 2. 崩塌危岩体与母岩之间存在宽度小于5mm的贯通裂缝，裂缝内充填杂土。 3. 崩塌危岩体附近无新的裂隙分布。 4. 坡面、防护设施小量变形破损
无	坡面无变形、无裂缝，公路及防护设施完好

表 5.2.7-2 滑坡发育程度分级

灾害发育程度	分 级 表 述
严重	满足下述3项及以上者为"严重"： 1. 滑坡体坡脚处边坡较陡，高度大于10m。 2. 坡体表面裂缝发育，且局部连通，路基路面上有鼓胀、隆起、沉陷现象。 3. 地表径流冲刷严重，并有季节性泉水出露，岩土潮湿、饱水。 4. 公路或防护设施变形明显，构造物破损严重，裂缝宽度大于20mm
中等	满足下述3项及以上者为"中等"： 1. 滑坡前缘临空，坡度较陡，临空高度为6～10m。 2. 坡体表面裂缝断续分布，路基路面上有轻微鼓胀、隆起、沉陷现象。 3. 坡面有少量地表径流冲刷，有间断季节性地表径流流经，岩土体较潮湿。 4. 公路或防护设施有变形，构造物少量破损，裂缝宽度大于5mm
轻微	满足下述3项及以上者为"轻微"： 1. 滑坡前缘临空，坡度较陡，临空高度为3～6m。 2. 坡体表面少量裂缝分布，路基路面上鼓胀、隆起、沉陷现象不明显。 3. 坡面无地表径流冲刷迹象，岩土体较干燥。 4. 公路或防护设施有轻微变形，构造物少量破损，裂缝宽度大于2mm
无	坡面无变形、无裂缝，公路及防护设施完好

表 5.2.7-3 泥石流发育程度分级

灾害发育程度	分 级 表 述
严重	1. 公路位于泥石流冲淤范围内的沟中和沟口，中上游主沟和主要支沟纵坡大，区域降雨强度大。 2. 公路路侧存在高出路面2m的泥石流堆积物，沟道、桥涵堵塞严重。 3. 公路存在泥石流冲积物造成的坑槽、裂缝等，构造物破损严重
中等	1. 公路局部位于泥石流冲淤范围内的沟上方两侧和距沟口较远的堆积区中下部，中上游主沟和主要支沟纵坡较大，区域降雨强度中等。 2. 公路路侧存在高出路面0.5m的泥石流堆积物，沟道、桥涵堵塞一般。 3. 公路存在泥石流冲积物造成的坑槽、裂缝等，构造物破损严重
轻微	1. 公路局部位于泥石流冲淤范围内的沟上方两侧和距沟口较远的堆积区中下部，中上游主沟和主要支沟纵坡较大，区域降雨强度中等。 2. 公路路侧存在小于0.5m厚的泥石流堆积物，沟道、桥涵无淤塞。 3. 结构物少量变形
无	公路位于泥石流冲淤范围外历史最高泥位以上的沟上方两侧高处和距沟口较远的堆积区边部，中上游主沟和支沟纵坡小，松散物源少，水流通畅，区域降雨强度小；公路无变形，结构物完好

表 5.2.7-4 沉陷与塌陷发育程度分级

灾害发育程度	分 级 描 述
严重	满足下述3项及以上者为"严重"： 1. 公路附近地面多处下陷、开裂，塌陷严重。 2. 路面、路基、构筑物开裂明显，破损严重。 3. 路基沉陷深度大于30cm。 4. 路基沉陷长度大于50m

续上表

灾害发育程度	分 级 描 述
中等	满足下述3项及以上者为“中等”： 1. 公路附近存在采空区或岩溶等造成沉陷塌陷的条件，地面塌陷、开裂明显。 2. 路面、路基、构筑物有开裂现象，构筑物局部破损，裂缝中等发育。 3. 路基沉陷深度为10～30cm。 4. 路基沉陷长度为30～50m
轻微	满足下述3项及其以上者为“轻微”： 1. 公路附近地面塌陷、开裂不明显。 2. 路基、构筑物少量变形、开裂，路面出现少量裂缝。 3. 路基沉陷深度小于10cm。 4. 路基沉陷长度为10～30m
无	公路附近地面塌陷、开裂不明显，路基、构筑物无变形、无裂缝，构筑物完好

表5.2.7-5　水毁发育程度分级

灾害发育程度	分 级 表 述
严重	路基全部冲毁，防护设施或其他公路构筑物全部冲毁
中等	路基大部分(超过1/3)冲毁，防护设施或其他公路构筑物受冲刷失效
轻微	路基少部分(少于1/3)冲毁，防护设施或其他公路构筑物受冲刷局部损毁失效
无	公路无变形、无裂缝，防护设施完好

5.3　数据检查

5.3.1　采集人员在上报数据前，应进行人工检查和系统校验性检查。

5.3.2　数据检查内容包括字段数量、名称、类型、长度、数据间关系等。

5.3.3　采集人员应将填报的自然灾害风险点信息与公路养护记录等相关资料进行比对，核实灾害历史特征数据的准确性、真实性和完整性。

附录 A　地质灾害与水毁分类表

表 A-1　崩 塌 分 类

分类依据	类　　型	特 征 描 述	典 型 照 片
块体大小	崩塌	崩塌多发生在大于 60°～70°的斜坡上。崩塌体与坡体的分离界面称为崩塌面，崩塌面往往就是倾角很大的界面，如节理、片理、劈理、层面、破碎带等。崩塌体的运动方式为倾倒、崩落。崩塌体碎块在运动过程中滚动或跳跃，最后在坡脚处形成堆积地貌——崩塌倒石锥	
	落石	落石，即山体或其他高处的石块从陡崖或沿着斜坡快速滚落至地面或低洼处。落石的规模大小不一，且时刻都在发生，是地形地貌变化的常态，但同时也对人类的生产生活造成威胁。落石是山崩的简单形态，超大数量规模或体积规模的落石会朝着泥石流、滑坡等程度演变	
	碎落	斜坡表层岩土体在大气温度与湿度等的交替作用以及冲刷和重力作用下，岩(土)屑(块)不断沿斜坡滚落，堆积在坡脚的地质现象	
物质组成	崩积物崩塌	山坡上已有的崩塌岩屑和沙土等物质，由于其质地很松散，当有雨水浸湿或受地震震动时，可再一次形成崩塌	
	表层风化物崩塌	地下水沿风化层下部的基岩面流动，引起风化层沿基岩面崩塌	

续上表

分类依据	类　　型	特 征 描 述	典 型 照 片
物质组成	沉积物崩塌	部分由厚层的沉积物、冲击物或火山碎屑物组成的陡坡，由于结构松散，形成崩塌	
	基岩崩塌	在基岩山坡面上，常沿节理面、地层面或断层面等发生崩塌	
崩塌体的移动形式和速度	散落型崩塌	有大量裂缝的山坡、较软的岩石和坚硬岩石相混合的山坡，或由松散物质堆积而成的山坡，较易形成散落型崩塌	
	滑动型崩塌	崩塌体沿某一个面滑动，保持了整体形态，但是运动的垂直距离比水平距离大	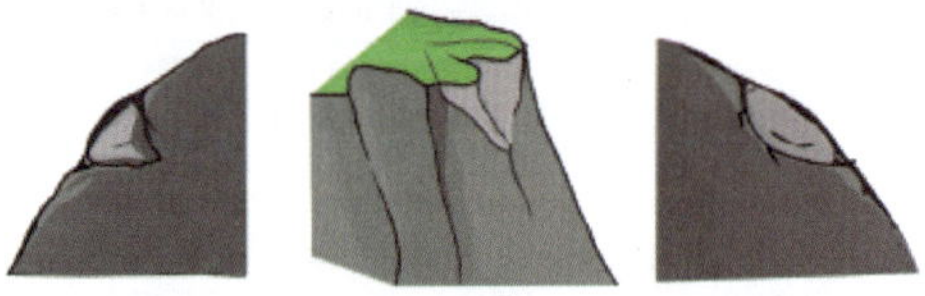 a)　b)　c)
	流动型崩塌	与泥石流有相似之处，主要是由于松散沙石、泥土等遇水后发生流动，其运动的垂直距离比水平距离大	
失稳时的运动形式	倾倒	在河流峡谷区、冲沟地段或岩溶区等陡坡上，岩体以垂直节理或裂隙与稳定的母岩分开。通常坡脚遭受掏蚀，在重力作用下或有较大水平力作用时，岩体因重心外移倾倒产生突然崩塌	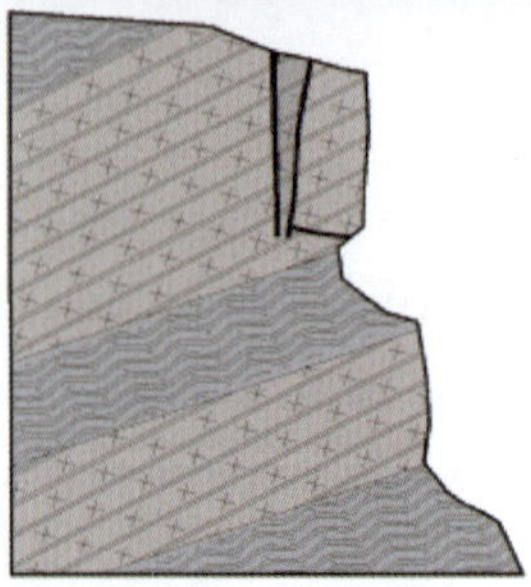

续上表

分类依据	类　　型	特 征 描 述	典 型 照 片
失稳时的运动形式	滑移	临近斜坡的岩体内存在的软弱结构面倾向与坡向相同，则软弱结构面上覆的不稳定岩体在重力作用下具有向临空面滑移的趋势，称为滑移崩塌	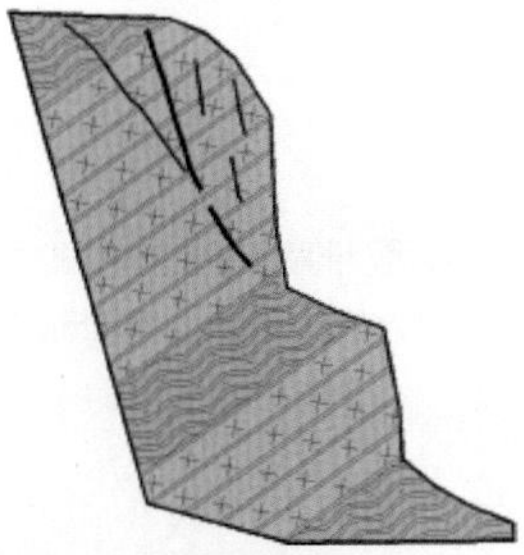
	鼓胀	陡坡上存在较厚的软弱岩层，上部岩体重力产生的压应力超过软岩天然状态的抗压强度后软岩即被挤出，发生向外鼓胀。随着鼓胀的不断发展，不稳定岩体不断下沉和外移，同时发生倾斜，一旦重心移出坡外即产生崩塌	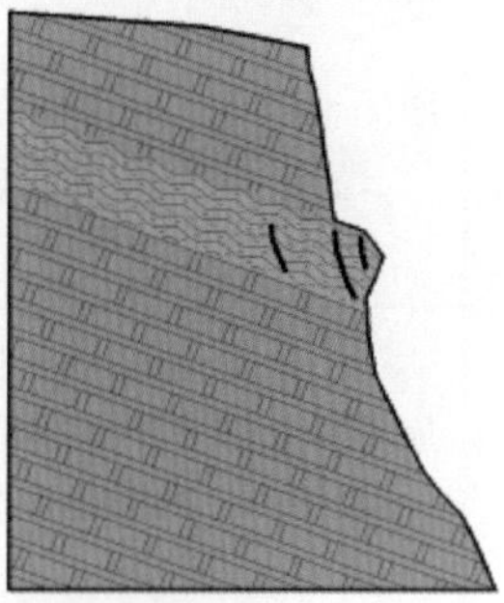
	拉裂	陡坡由软硬相间的岩层组成时，由于风化作用或河流的冲刷掏蚀作用，上部坚硬岩层在坡面上常常突悬出来。突出的岩体通常发育有构造节理或风化节理，在长期重力作用下，分离面逐渐扩展。一旦拉应力超过连接处岩石的抗拉强度，拉张裂缝就会迅速向下发展，最终导致突出的岩体突然崩落	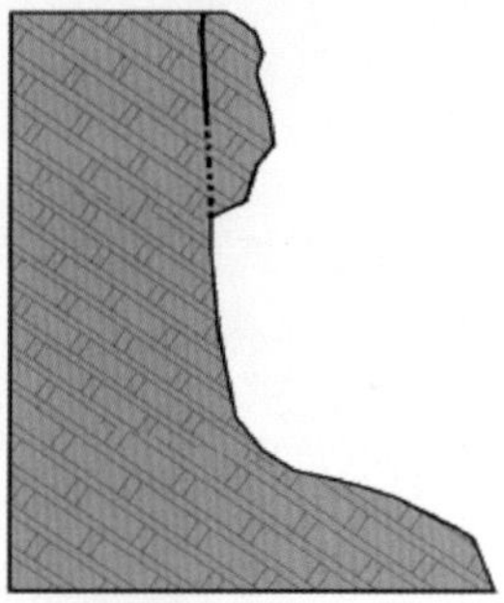
	错断	悬于坡缘的帽沿状危岩，后缘剪切面逐渐扩展，当剪切应力大于危岩与母岩连接处的抗剪强度时，长柱或板状不稳定岩体的下部被剪断，从而发生错断崩塌	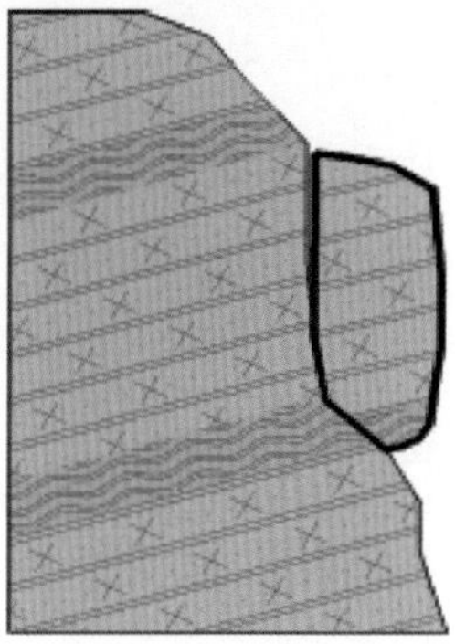
变形体	危岩体	高陡斜坡产生了拉裂、松动变形并随时可能发生破坏，向坡下运动的岩体	

表 A-2(a)　滑坡主要因素分类

类　　型	亚　　类	特 征 描 述	典 型 照 片
	滑坡堆积体滑坡	由滑坡形成的堆积体，沿下伏基岩或滑坡体内滑动	
	崩塌堆积体滑坡	由崩塌形成的堆积体，沿下伏基岩或崩塌体内滑动	
	崩塌堆积体滑坡	由崩滑形成的堆积体，沿下伏基岩或崩滑体内滑动	
堆积层(土质)滑坡	黄土滑坡	由黄土构成，大多发生在黄土体中	
	黏土滑坡	由黏土构成，大多发生在黏土体中	
	残坡积层滑坡	由花岗岩风化壳、沉积岩残坡积等构成，浅表层滑动	

续上表

类　型	亚　类	特征描述	典型照片
堆积层（土质）滑坡	人工弃土滑坡	由人工开挖堆填弃渣构成，次生滑坡	
岩质滑坡	近水平层状滑坡	由基岩构成。沿缓倾岩层或裂隙滑动，滑动面倾角≤10°	
	顺层滑坡	由基岩构成。沿顺坡岩层或裂隙面滑动	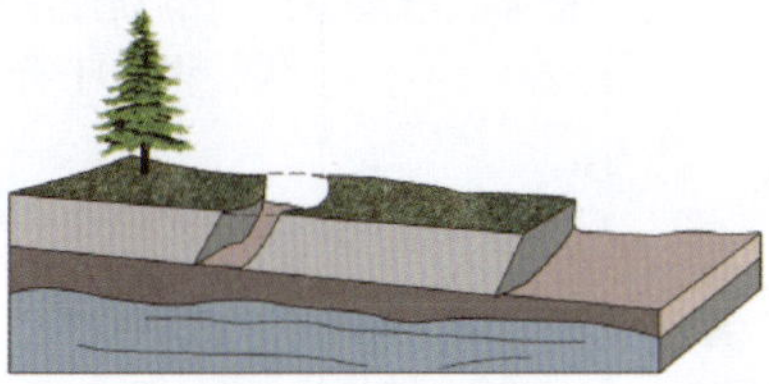
	切层滑坡	由基岩构成。滑动面与岩层层面相切。常沿倾向坡外的一组软弱面滑动	
	逆层滑坡	由基岩构成。沿倾向坡外的一组软弱面滑动，岩层倾向山内，滑动面与岩层层面相切	

表 A-2(b)　滑坡其他因素分类

分类依据	类　型	特征描述	典型照片
滑体厚度	浅层滑坡	滑体厚度在 10m 以内	
	中层滑坡	滑体厚度为 10～25m	

续上表

分类依据	类型	特征描述	典型照片
滑体厚度	深层滑坡	滑体厚度超过25m	
运移方式	推移式滑坡	上部岩土体滑动，挤压下部产生变形。滑动速度较快，滑体表面波状起伏，多见于有堆积物分布的斜坡地段	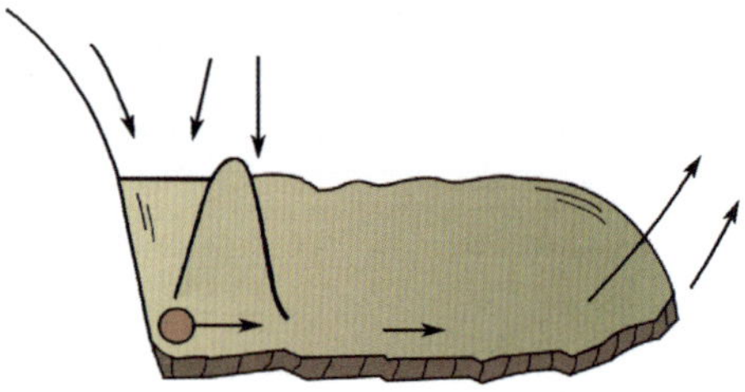
	牵引式滑坡	下部先滑，使上部失去支撑而变形滑动。一般速度较慢，多具上小下大的塔式外貌，横向张性裂隙发育，表面多呈阶梯状或陡坎状	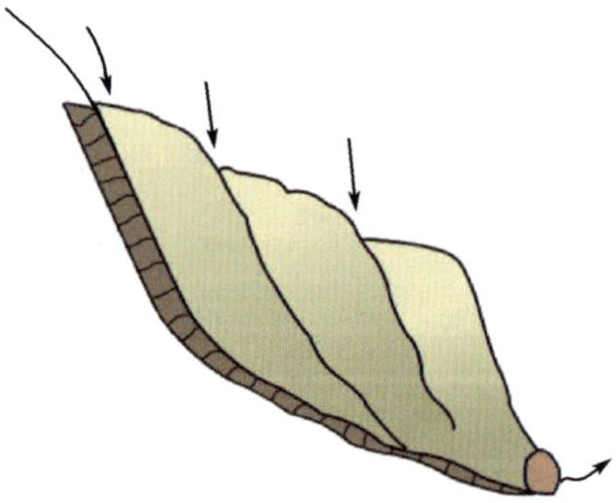
	混合式滑坡	前部牵引，后部推移，综合作用触发的滑坡	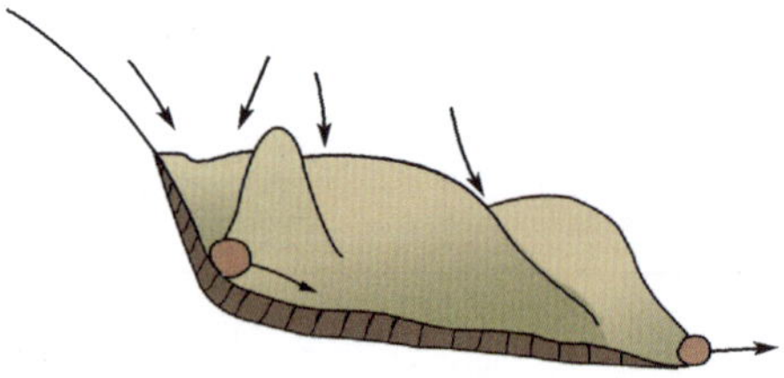
发生原因	工程滑坡	由于施工开挖山体或建筑物加载引起的滑坡。还可细分为： (1)工程新滑坡：由于开挖山体或建筑物加载所形成的滑坡； (2)工程复活古滑坡：久已存在的滑坡，由于“斩腰切脚”引起复活的滑坡	
	自然滑坡	由于自然地质作用产生的滑坡。按其发生的相对时代，可分为古滑坡、老滑坡、新滑坡	

续上表

分类依据	类　型	特征描述	典型照片
稳定程度	活滑坡	发生后仍继续活动的滑坡。后壁及两侧有新鲜擦痕，滑体内有开裂、鼓起或前缘有挤出等变形迹象	
	死滑坡	发生后已停止发展，一般情况下不可能重新活动，坡体上植被较盛，常有居民点	
发生年代	现代滑坡	现今正在发生滑动的滑坡	
	老滑坡	全新世以来发生滑动，现今整体稳定的滑坡	
	古滑坡	全新世以前发生滑动，现今整体稳定的滑坡	
滑体体积	小型滑坡	$<10\times10^4 m^3$	
	中型滑坡	$(10\sim100)\times10^4 m^3$	
	大型滑坡	$(100\sim1000)\times10^4 m^3$	
	特大型滑坡	$(1000\sim10000)\times10^4 m^3$	
	巨型滑坡	$>10000\times10^4 m^3$	

表 A-3　泥石流分类

分类依据	类　型	特征描述	典型照片
发育阶段	发育初期	沟床纵坡陡，上游沟床浅，下游呈“V”形。沟口泥石流扇面新鲜，无固定沟槽	
	旺盛期	沟谷下切，侧蚀强，呈“V”形。沟床纵坡陡，且多急弯。常见泥石流堵沟。泥石流扇发育，扇面新鲜，有漫流现象。峡谷河段泥石流扇可见被主河切割呈大块边滩或心滩的残迹	
	间歇期	沟谷弯曲呈“U”形，沟床纵坡较缓，支沟较多，主沟内常见零星阶地。沟口泥石流扇陈旧，有的扇面已辟为耕地或建有村舍	

续上表

分类依据	类　型	特征描述	典型照片
流域形态	沟谷型	沟谷形态明显，一般呈上宽下窄的葫芦形或勺形。支沟发育，下游呈“V”形。沟床纵坡一般在15°以下，有卡口，跌坎，沟末呈束放相间。沟内常发育滑坡、崩塌等现象，沟口堆积物呈扇形或带状，固体颗粒有一定磨圆	
	山坡型	沟床短、浅、陡，沟床纵坡与山坡坡度基本一致，一般无支沟，中、上游常发生有坡面侵蚀和崩塌现象，堆积呈锥形，固体粒粗大，棱角明显	
组成物质	泥流型	固体物质以细颗粒黏土和泥沙为主，混合较为均匀，浆体流变特性不再属于牛顿体的一种泥石流	
	水石型	固体物质以粗颗粒泥沙、石块为主，水沙呈分离状，浆体流变特性服从牛顿体的一种泥石流	
	泥石型	介于上述泥流型和水石型之间的一种泥石流类型。固体物质的级配差别很大，细颗粒物质和黏土物质含量视流域内土体储量产状而异，浆体流变特性则取决于黏土物质含量及性质	

续上表

分类依据	类　　型	特 征 描 述	典 型 照 片
流体性质	黏性泥石流	含大量黏性土的泥石流或泥流，水和泥沙、石块凝聚成一个黏稠的整体。其特征是黏性大、稠度大、石块呈悬浮状态，暴发突然，持续时间短，破坏力大，浮托力大。当泥石流在堆积区不发生散流时，将以狭长带状如长舌状一样向下奔泻和堆积	
	稀性泥石流	以水为主要成分，黏性土含量少，水为搬运介质，石块以滚动或跳跃的方式前进，其堆积物在堆积区呈扇状，堆积后往往形成“石海”。稀性泥石流在堆积区呈扇状散流，将原来的堆积扇切割成条条深沟	

表 A-4　沉陷与塌陷分类

分类依据	类　　型	特 征 描 述	典 型 照 片
沉陷	不均匀下沉	路基局部高程降低，路面出现大量裂缝，严重时可能伴有边坡的滑塌或路肩墙等结构物的破坏	
	局部沉陷	半填半挖路基和陡坡路基，填土厚度不均造成差异沉降，引起路基局部沉陷	

续上表

分类依据	类　　型	特 征 描 述	典 型 照 片
沉陷	整体下沉	工程地质条件不良，土层比较软弱，特别是在泥沼地段、流沙和垃圾以及其他劣质土地段填筑路堤时，若填筑前未经换土或压实不足，则填筑完成后，路基下的地基在自重压力或附加压力作用下出现沉陷	
塌陷	岩溶塌陷	岩溶区公路下伏空洞或软弱区的上方岩土体在行车荷载、地表工程活动或地下工程活动、水体蓄渗抽排等的作用下，由于不能承受地表荷载(包括路基自重作用)而失去平衡塌陷	
	采空区塌陷	公路下伏采空区，其上方岩土体在行车荷载、地表工程活动或者地下工程活动、水体蓄渗抽排等的作用下，由于不能承受地表荷载(包括路基自重作用)而失去平衡塌陷	
	黄土湿陷	黄土地区公路路基湿陷或黄土暗穴塌陷引起路基塌陷	

表 A-5　水 毁 分 类

类　　型	亚　　类	特 征 描 述	典 型 照 片
沿河路基水毁	河湾路基凹岸冲刷	在沿河流弯道凹岸的路段，路基受弯道凹岸冲刷和对岸挑流顶冲。在水流冲刷作用下，这些路段路基边坡的坡脚掏空造成路基坍塌	 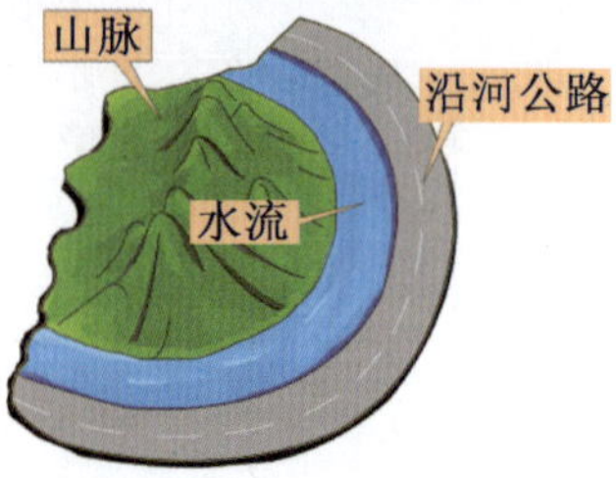

续上表

<table>
<tr><th>类　型</th><th>亚　类</th><th>特 征 描 述</th><th>典 型 照 片</th></tr>
<tr><td rowspan="3">沿河路基水毁</td><td>河道压缩冲刷</td><td>在修建沿河公路时，由于人为侵占洪水河槽或地形突变，河道变窄，挤束水流，导致上游壅水严重，压缩段流速增大，对沿河路基产生冲刷，造成水毁</td><td>
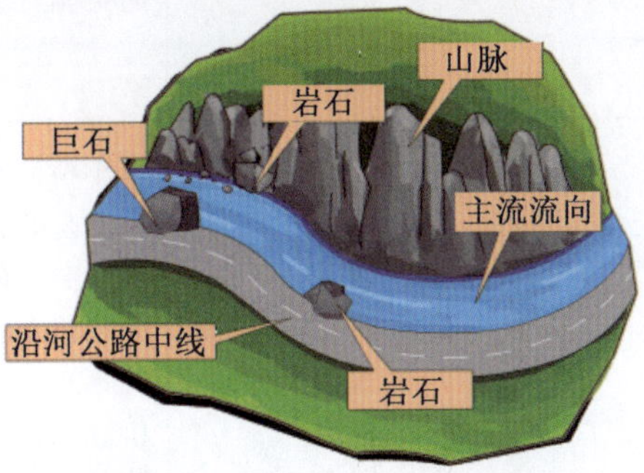
</td></tr>
<tr><td>防护工程冲刷</td><td>防护工程冲刷破坏，导致沿河公路水毁。根据工程实际需要往往采用护坡、挡土墙、丁坝、护坦及其组合形式，对沿河公路进行冲刷防护，但由于各种原因，常常导致防护结构物自身抗冲能力和基础埋置深度不足，从而发生水毁</td><td></td></tr>
<tr><td>洪水淹没路面，造成路基路面冲刷</td><td>路面设计高度不足或因公路压缩河道导致壅水高度过大，引起洪水漫溢路面，水流沿路线纵向冲刷，冲毁路面、路基或急速退水后，易造成路肩冲出缺口、路面沉陷开裂</td><td></td></tr>
</table>

续上表

类　型	亚　类	特征描述	典型照片
沿河路基水毁	浸泡	由于水流长期或间断性浸泡产生的水毁。沿河路基由于受到水的浮力、侧向压力及冲刷作用，形成水毁	
	冲击或撞击	洪水及所挟带泥沙或滚石的冲击或撞击超过一定限度时，会导致路基和防护工程毁坏	
小桥涵冲毁或堵塞	小桥涵堵塞	小桥涵与路基相连，其排水输沙能力不足时，造成大颗粒泥沙沉积并堵塞涵洞，使洪水漫溢路面，而冲毁路面和路基；小桥涵的涵位、进出口设计不当，水流不能顺畅排出，导致小桥涵局部或整体被冲毁后，形成两端路基水毁	
	小桥涵冲毁	小桥涵冲刷防护及铺砌加固不完善，导致小桥涵或路基水毁	
桥梁墩台和引道冲刷、桥梁冲毁	墩台和引道冲刷	桥梁墩台和基础处于河道中，汛期水流挟带卵石和大漂石冲击或撞击下部结构，水流冲刷使基础裸露、脱空，承载力不足，基础出现沉降和位移	
	桥梁冲毁	河流洪水及其挟带的漂浮物，将桥梁上部结构摧毁	

附录B　公路边坡分类及要素

B.1　公路边坡分类

公路路基边坡及路堑边坡分类分别如图B.1-1和图B.1-2所示。

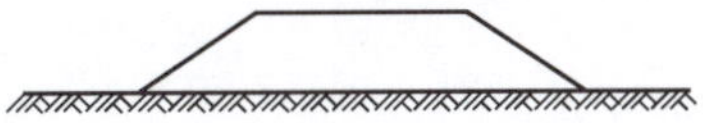

a）路堤

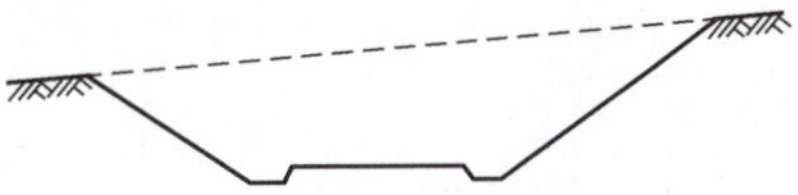

b）路堑

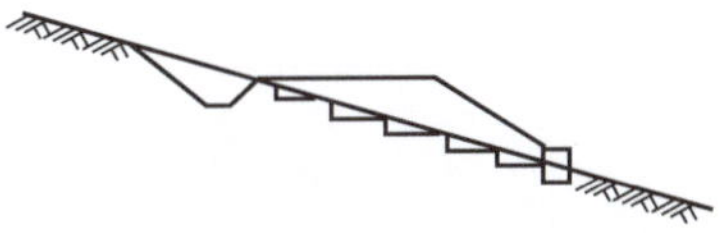

c）半路堤

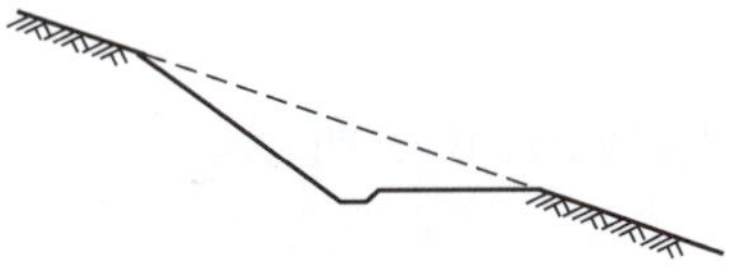

d）半路堑

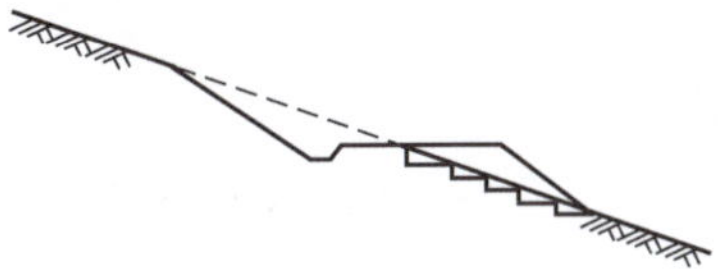

e）半路堤半路堑

f）不填不挖路基

图B.1-1　公路路基边坡分类

a）土质边坡

b）岩质边坡

图　B.1-2

c)土石混合边坡

图 B. 1-2　公路路堑边坡分类

B. 2　公路边坡要素

公路边坡要素如图 B. 2 所示。

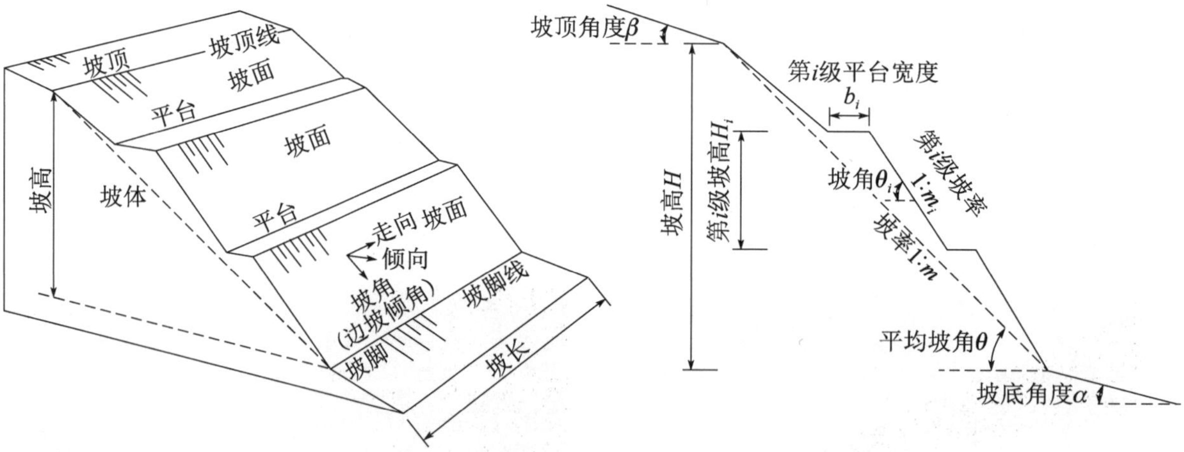

图 B. 2　公路边坡要素图

B. 3　公路边坡设施分类

公路边坡排水设施、防护设施类型分别见表 B. 3-1、表 B. 3-2。

表 B. 3-1　排水设施类型

<table>
<tr><th colspan="2">设施类型</th><th>照　片</th></tr>
<tr><td rowspan="4">地表排水</td><td>边沟</td><td></td></tr>
<tr><td>截水沟</td><td></td></tr>
<tr><td>排水沟</td><td></td></tr>
<tr><td>跌水与急流槽</td><td></td></tr>
</table>

续上表

设施类型		照片
地下排水	暗沟(管)	
	渗沟	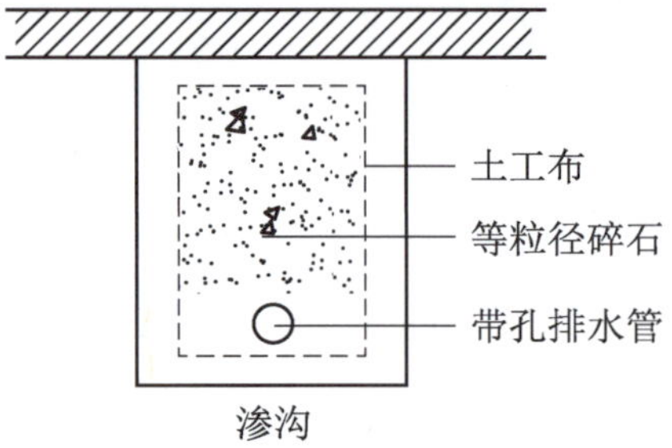
	渗井	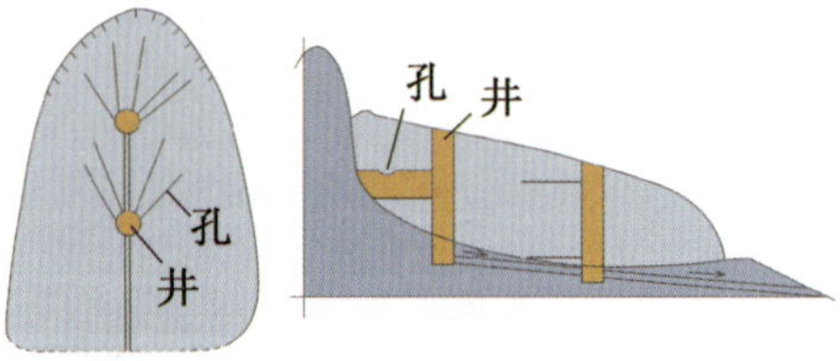
	泄水隧道	
	仰斜排水孔	

表 B. 3-2　防护设施类型

设施类型		照　　片
坡面防护	植物防护	
	骨架防护	
	挂网喷护	
	片石护坡	
	护面墙	

续上表

<table>
<tr><th colspan="2">设 施 类 型</th><th>照 片</th></tr>
<tr><td rowspan="4">沿河防护</td><td>植物防护</td><td></td></tr>
<tr><td>砌石或混凝土护坡</td><td></td></tr>
<tr><td>石笼防护</td><td></td></tr>
<tr><td>浸水挡墙</td><td></td></tr>
</table>

续上表

设 施 类 型		照　　片
沿河防护	护坦	
	抛石	
	丁坝	
	顺坝	

续上表

设施类型		照片
支挡设施	挡墙	
	抗滑桩	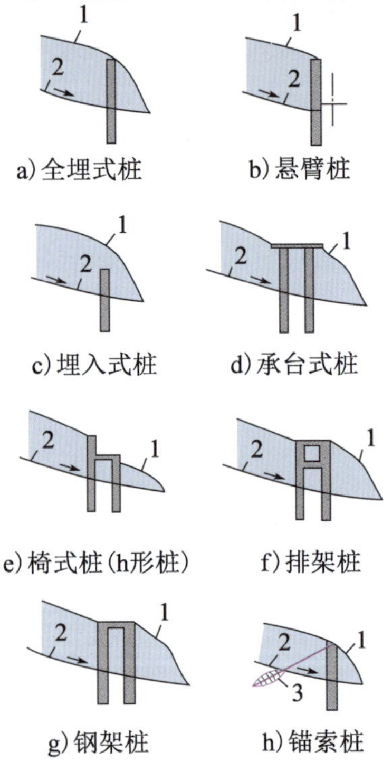 图中：1-地面；2-滑面；3-锚固体
	锚(杆)索	
	框架	

附录 C 地质灾害及水毁成因与识别

C.1 崩塌成因与识别

C.1.1 崩塌成因

地形地貌、地层岩性和地质构造是崩塌的物质基础,降雨、地下水作用、振动力、风化作用以及人类活动对崩塌的形成和发展起着重要作用,各成因具体描述见表 C.1.1。

表 C.1.1 崩塌成因

成因类别	具体描述	典型照片
地形地貌	从区域地貌条件看,崩塌多形成于山地、高原地区;从局部地形看,崩塌多发生在高陡斜坡处,如峡谷陡坡、冲沟岸坡、深切河谷的凹岸等地带。崩塌的形成要有适宜的斜坡坡度、高度和形态,以及有利于岩土体崩落的临空面。地形地貌条件对崩塌的形成具有最为直接的作用。崩塌多发生于坡度大于 55°、高度大于 30m、坡面凹凸不平的陡峻斜坡上	
地层岩性	不稳定岩土体是产生崩塌的物质条件。一般而言,各类岩、土体都可以形成崩塌,但类型不同,所形成崩塌的规模大小也不同	
地质构造	各种构造面,如节理、裂隙面、岩层界面、断层等为崩塌的形成提供脱离母体的边界条件。坡体中裂隙越发育,越易产生崩塌,与坡体延伸方向近于平行的陡倾构造面,最有利于崩塌的形成	
地下水	边坡岩体中的地下水大多数在雨季可以直接得到大气降水的补给,地下水和雨水的联合作用,使边坡上的潜在崩塌体更易于失稳。 降雨过程主要指特大暴雨、大暴雨、较长时间的连续降雨,这是出现崩塌最多的时间	

续上表

成因类别	具体描述	典型照片
地震	地震时,地壳的强烈震动可使边坡岩体中各种结构面的强度降低,甚至改变整个边坡的稳定性,从而导致崩塌的产生。因此,在由硬质岩层构成的陡峻斜坡地带,地震更易诱发崩塌	
人类活动的影响	因工程(或建筑场地)施工开挖坡脚,破坏了上部岩(土)体的稳定性,常引发崩塌。崩塌有的发生在施工中,以小型崩塌居多	 

C.1.2　崩塌识别

(1)崩塌主要发生于土质边坡坡度一般在45°以上,岩质边坡坡度一般在60°~70°以上,坡形一般呈凸形、阶梯形或凹形陡坡(图C.1.2-1)。

图C.1.2-1　典型公路崩塌

(2)边坡岩土体内部有裂隙发育,尤其是斜交和平行边坡走向的陡倾裂隙发育,或存在顺坡裂隙或软弱面;边坡上部已有明显拉张裂隙,并且切割边坡的裂隙、软弱面即将贯通,使岩体与母体呈现出分离之势(图C.1.2-2)。

(3)坡面有相对新鲜的岩石面出露,或坡脚有崩塌物堆积。崩塌的前缘不断发生掉块、坠落、小崩小塌的现象（图 C. 1. 2-3）；崩塌的脚部出现新的破裂形迹；不时偶然听到岩石的撕裂摩擦声；出现热、气、地下水异常。

图 C. 1. 2-2　崩塌体裂隙发育

图 C. 1. 2-3 掉块

C. 2　滑坡成因及识别

C. 2. 1　滑坡成因

滑坡成因分为内部因素和外部因素两个方面（表 C. 2. 1）。内部因素有组成边坡岩土体的性质、地质构造、岩体结构、地应力等。它们常常起着主要的控制作用。外部因素有地表水和地下水的作用、地震、风化作用、人工开挖、爆破以及工程荷载等。其中地表水和地下水是影响边坡稳定最重要、最活跃的外部因素，其他大多起触发作用。

表 C.2.1 滑坡成因

成因类别		具体描述	典型照片
内部因素	地形地貌条件	只有处于一定的地貌部位,具备一定坡度的斜坡,才可能发生滑坡。一般江、河、湖(水库)、海、沟的斜坡,前缘开阔的山坡、公路和工程建筑物的边坡等都是易发生滑坡的地貌部位。坡度大于10°,小于45°,下陡中缓上陡、上部成环状的坡形是产生滑坡的有利地形	
	岩土类型	一般来说,各类岩、土都有可能构成滑坡体,其中结构松散,抗剪强度和抗风化能力较低,在水的作用下其性质能发生变化的岩、土,如松散覆盖层、黄土、红黏土、页岩、泥岩、煤系地层、凝灰岩、片岩、板岩、千枚岩等以及软硬相间的岩层所构成的斜坡易发生滑坡	
	地质构造条件	组成斜坡的岩、土体只有被各种构造面切割分离成不连续状态时,才有向下滑动的条件。同时,构造面为水流进入斜坡提供了通道。各种节理、裂隙、层面、断层发育的斜坡,特别是当平行和垂直斜坡的陡倾角构造面及顺坡缓倾的构造面发育时,最易发生滑坡	
	水文地质条件	地下水活动在滑坡形成中起着主要作用。它的作用主要表现在:软化岩、土体,降低岩、土体的强度,产生动水压力和孔隙水压力,潜蚀岩、土体,增大岩、土体重度,对透水岩层产生浮托力等。尤其是对滑面(带)的软化作用和降低强度的作用最突出	
外部因素	自然因素	昼夜温差和季节的温度变化,使岩石风化,抗剪强度降低	
		天旱干燥季节,使黏土层龟裂,雨水、地表水沿裂缝渗入;大气降水使斜坡土体湿化,重量增大,黏聚力低,均能导致滑坡的产生;降雨、融雪的渗透水作用,是产生滑坡最主要的外因	

续上表

成因类别		具体描述	典型照片
外部因素	自然因素	地表水冲刷、掏蚀、溶解和软化裂隙充填物；当水渗入不透水层时，接触面润湿，减少了摩擦力和黏聚力，促使滑坡产生	
		水库、河道水流冲刷、潜蚀、掏蚀坡脚，河水涨落引起地下水位的升降，均能引起斜坡的失稳破坏	
		地震使斜坡土石结构破坏，沿原有软弱面或新产生的软弱面滑动。由地震产生的裂缝和断崖，成为降雨和融雪的渗透通道，常引发较多的滑坡	
	人为因素	开挖边坡：修建公路工程，开挖边坡，使斜坡下部失去支撑，形成人工高陡边坡，导致滑坡发生	
		水库蓄、泄水与渠道渗漏：水库蓄水，浸润和软化岩土体，加大岩土体的静水压力、动水压力，增大坡体重度；水库泄水，水位急剧下降，加大了坡体的动水压力；渠道渗漏，增加了土体的浸润和软化作用，导致滑坡发生	

续上表

成因类别		具体描述	典型照片
外部因素	人为因素	堆填加载:在斜坡上大量堆渣、弃渣、填土等,给斜坡增加了荷载,斜坡支撑不了过大的重量时,失去平衡而诱发滑坡	
		采石、劈山放炮:采石、劈山放炮等强烈振动,使斜坡岩土体受振而松动,引发滑坡	
		植被破坏:不适当的开垦农田,乱砍滥伐,破坏植被,易造成雨水入渗而引发滑坡	

C. 2. 2　滑坡识别

1) 地形地貌

(1) 滑坡主要发生在20°～45°的边坡上,斜坡上常形成上陡中缓下陡的折线状地形,在山坡上部造成环谷地貌。环谷即圈椅状或马蹄状地形(图 C. 2. 2-1)。

图 C. 2. 2-1　圈椅状地貌

(2)滑坡体两侧常形成沟谷,造成双沟同源现象[图 C. 2. 2-2a)]。而一般山坡上的沟谷多为一沟数源。

滑坡地貌包括积水洼地、地面裂缝、醉汉林、马刀树等[图 C. 2. 2-2b) ~ d)]。由于坡体滑移运动,使其上生长的树木东倒西歪,形成醉汉林,表明不久前该处曾发生过滑坡,而且滑动剧烈。马刀树是指由于坡体滑移运动造成的树干下部歪斜而上部直立,根据马刀树的年轮可以推断滑坡的相对年代。根据滑坡区的地形地貌可以圈定滑坡边界。滑坡后缘断壁一般较陡立,前缘常被挤出或呈舌状凸出,两侧常以沟谷或裂面为界。

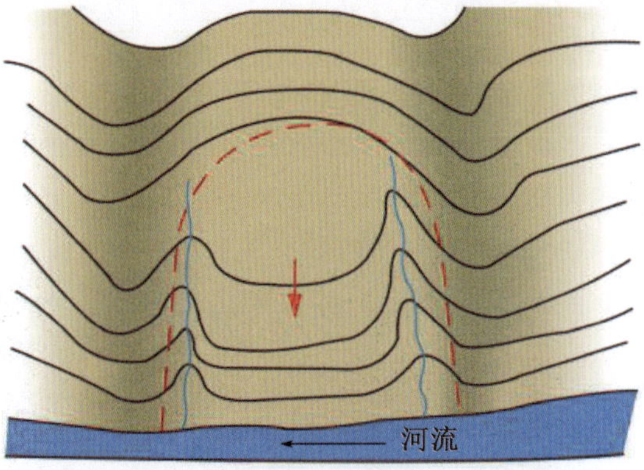

a) 双沟同源

b) 积水洼地

c) 醉汉林

d) 马刀树

图 C. 2. 2-2　滑坡地貌特征

2)变形迹象

(1)公路路段所在山坡上或附近有不均匀沉陷,多处房屋、道路、水渠出现拉裂现象;边坡前部发现鼓胀、翘起或建筑物地基出现错裂,边坡后部出现贯通性的弧形裂缝[图 C. 2. 2-3a)]。

(2)滑体上产生小型褶曲和断裂,滑体结构松散、破碎[图 C. 2. 2-3b)]。

a)弧形裂缝

b)结构破碎

图 C. 2. 2-3　变形迹象

3)水文地质现象

(1)山坡脚泉水较多,地表潮湿[图 C. 2. 2-4a)]。

(2)在滑体两侧坡面洼地和上部常有喜水植物茂盛生长[图 C. 2. 2-4b)]。

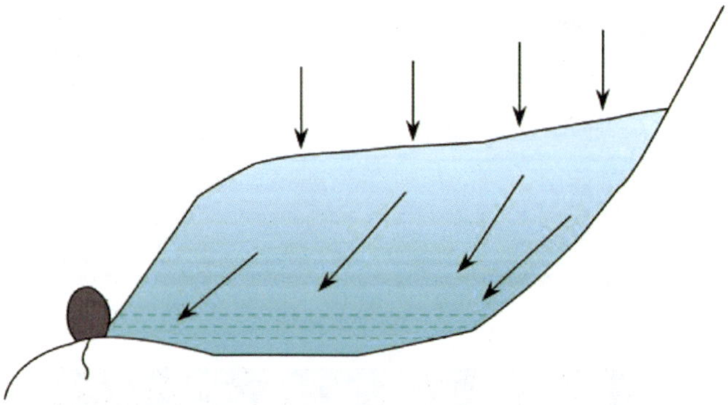

a)泉水发育

b)洼地喜水植物茂盛

图 C. 2. 2-4　水文地质现象

4)地层和地质构造

(1)在大断层通过的河谷地带,滑坡密集;地质构造造成岩体节理裂隙和小断层发育,易发生滑坡;构造面发育,特别是缓倾角断层倾向临空面(开挖面)时,属于易滑地段(图 C. 2. 2-5)。

(2)地层岩性是产生滑坡的物质基础。滑坡的产生多与泥质地层的存在有密切关系,这些地层中容易产生滑坡的主要原因是此类地层岩性软弱,在水和其他因素的影响下，往往构成潜在的滑动面（带）［图 C. 2. 2-6］。易滑坡地层的主要类型有：砂页岩和泥岩互层；煤系地层；灰岩、泥灰岩、页岩互层；板岩、千枚岩、云母片岩等变质岩系；各种黏土、黄土和类黄土地层；风化残积层以及各种成因的堆积层等。

图 C. 2. 2-5　易滑地段

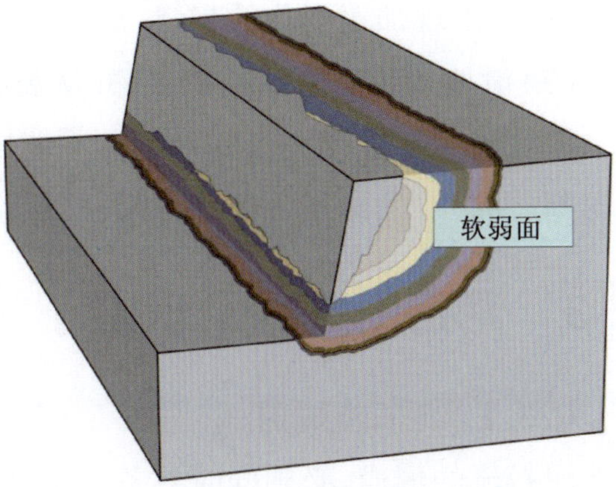

图 C. 2. 2-6　软弱结构面

5）稳定滑坡与不稳定滑坡的地貌特征

（1）相对稳定的滑坡地貌特征

滑坡后壁较高，长满树木，找不到擦痕和裂隙；滑坡前缘的斜坡较缓；土地密实，长满草木，无松散倒塌现象；滑坡两侧的自然沟谷切割很深，谷底基岩出露；滑坡台阶宽大且已夷平，土地密实；无陷落不均现象；滑坡体较干燥，地表一般没有泉水或湿地，滑坡后泉水清澈；滑坡前缘舌部有河水冲刷的痕迹，舌部的细碎土石已被河水冲走，残留一些较大的孤石。

（2）不稳定滑坡地貌特征

滑坡后壁高陡，未长满草木，常找到擦痕和裂隙；滑坡前缘的斜坡较陡；土地松散，未生草木，不断产生小型倒塌现象；滑坡两侧多是新生沟谷，切割较浅，沟底多为松散堆积物；滑坡台阶尚保存台坎，土体松散，地表有裂缝、陷落不均现象；滑坡体湿度大，地表泉水和湿地多，舌部泉水流量不稳定；滑坡前缘正处在河水冲刷的条件下。

6）滑坡先兆现象的识别

（1）滑坡滑动之前，在滑坡前缘坡脚处，堵塞多年的泉水有复活现象，或者出现泉水（井水）突然干枯，井、泉水位突变或混浊等类似的异常现象。

（2）在滑坡体中部、前部出现横向及纵向放射状裂缝，它反映了滑坡体向前推挤并受到阻碍，已进入临滑状态。

（3）滑坡滑动之前，滑坡体前缘坡脚处，土体出现隆起（上凸）现象，这是滑坡体明显向前推挤的现象。

（4）滑坡滑动之前，有岩石开裂或被剪切挤压的现象，这种现象反映了深部变形与破裂。

(5)滑坡在临滑之前,滑坡体周围的岩(土)体出现小型崩塌和松弛现象。

(6)如果滑坡体有长期位移观测资料,在滑坡滑动之前,无论是水平位移量或垂直位移量,均会出现加速变化的趋势,这是临滑的明显迹象。

(7)滑坡后缘裂缝急剧扩展,并从裂缝中冒出热气或冷风。

需要说明的是,滑坡是否发生,不能依靠单一个别的前兆现象来判定,有时可能会造成误判。因此,发现某一种前兆时,应尽快对滑坡体进行仔细查看,迅速做出综合判定。

C.3　泥石流成因及识别

C.3.1　泥石流成因

泥石流的形成,必须同时具备三个基本条件:有利于储集、运动和停淤的地形地貌条件,有丰富的松散土石碎屑固体物质来源,短时间内可提供充足的水源和适当的激发因素,详见表C.3.1。

表C.3.1　泥石流形成条件

形成条件		形成条件描述
地形地貌条件	沟谷形态	典型泥石流分为形成、流通、堆积等三个区,沟谷也相应具备三种不同形态。上游形成区地形多为三面环山、一面出口的漏斗状或树叶状,地势比较开阔,周围山高坡陡,植被生长不良,有利于水和碎屑固体物质聚集;中游流通区地形多为狭窄陡深的狭谷,沟床纵坡降大,使泥石流能够迅猛直泻;下游堆积区地形为开阔平坦的山前平原或较宽阔的河谷,使碎屑固体物质有堆积场地
	沟床纵坡降	沟床纵坡降是影响泥石流形成、运动特征的主要因素。一般来讲,沟床纵坡降越大,越有利于泥石流的发生,但比降在10%~30%的发生频率最高,5%~10%和30%~40%的其次,其余发生频率较低
	沟坡坡度	沟坡坡度是影响泥石流固体物质补给方式、数量和泥石流规模的主要因素。一般有利于提供固体物质的沟谷坡度,在我国东部中低山区为10°~30°,固体物质的补给方式主要是滑坡和坡洪堆积土层,在西部高中山区多为30°~70°,固体物质和补给方式主要是滑坡、崩塌和岩屑流
	集水面积	泥石流多形成在集水面积较小的沟谷,面积为0.5~10km^2者最易产生,小于0.5km^2和10~50km^2者其次,发生在汇水面积大于50km^2以上者较少
	斜坡坡向	斜坡坡向对泥石流的形成、分布和活动强度也有一定影响。阳坡和阴坡相比较,阳坡上具有降水量较多,冰雪消融快,植被生长茂盛,岩石风化速度快、程度高等有利条件,故一般比阴坡发育。如我国东西走向的秦岭和喜马拉雅山的南坡上产生的泥石流较之北坡多

续上表

形成条件		形成条件描述
物源条件	地质构造和地震活动强度的关系	地质构造越复杂，褶皱断层变动越强烈，特别是规模大、活动性强的断层带，岩体破碎，常成为泥石流丰富的固体物源。在地震力的作用下，不仅使岩体结构松散，且直接触发大量滑坡、崩塌。对岩体结构和斜坡的稳定性破坏尤为明显，可为泥石流发生提供丰富物源，这也是地震→滑坡、崩塌→泥石流灾害连环形成的根本原因
	与地层岩性的关系	地层岩性与泥石流固体物源的关系，主要反映在岩石抗风化和抗侵蚀能力的强弱上。一般软弱岩性层、胶结成岩作用差的岩性层以及软硬相间的岩性层比岩性均一和坚硬的岩性层易遭受破坏，提供的松散物质也多
水源条件	降雨	降雨是我国大部分泥石流形成的水源，遍及全国 20 多个省（自治区、直辖市），主要有云南、四川、重庆、西藏、陕西、青海、新疆、北京、河北、辽宁等。我国大部分地区降水充沛，且具有降雨集中、多暴雨和特大暴雨的特点，这对激发泥石流起了重要作用
	冰雪融水	冰雪融水是现代冰川和季节性积雪地区泥石流形成的主要水源。当夏季冰川融水过多，涌入冰湖，造成冰湖溃决溢水而形成泥石流或水石流更为常见
	水库（堰塞湖）溃决溢水	当水库（堰塞湖）溃决，大量库水倾泄，下游存在丰富松散堆积土时，常形成泥石流或水石流

C.3.2　泥石流识别

1）泥石流沟的识别

除有泥石流活动记录、泥石流活动遗迹的沟谷外，当一条沟谷（一条流域）具备以下三个基本条件时，可判定为泥石流沟或泥石流易发区域（图 C.3.2-1）。需根据公路与泥石流的位置关系确定成灾影响程度。

图 C.3.2-1　泥石流易发区

(1)松散固体物质条件:沟谷(流域)附近或沟谷(流域)内有深大断裂或活动断裂通过,岩体破碎;出露软质岩石或抗风化能力弱的岩石,或存在冰川堆积物、冰水沉积物等松散物质;滑坡、崩塌、落石等不良地质现象发育;坡面与沟谷地表侵蚀作用强烈,沟道内、沟侧、坡麓有大量松散堆积物存在(图 C. 3. 2-2)。

图 C. 3. 2-2 充足的物源

(2)地形条件:流域相对高差大于500m,单面山坡高差大于200m;沟床纵坡大于3°,其中流通区纵坡大于14°(图 C. 3. 2-3)。

图 C. 3. 2-3 沟床陡坡降

(3)水源条件:有丰沛的突发水源,特别是具备持续时间长或暴雨强度大的降水条件,一般西南山区大于50mm/d、北方地区大于150mm/d,(图 C. 3. 2-4);西部地区在气温升高时,冰川或积雪消融强烈。

2)泥石流前兆识别

山区连续强降水,地表水入渗严重、土体达到饱和或过饱和状态,坡面形成面流后汇集成洪流,从而产生泥石流。因此,在泥石流易发季节(丰水期、降水频发期),应对泥石流沟进行值守、巡查,提前发现泥石流活动前兆,防灾减灾。

(1)河流水势突然上涨,夹有较多柴草、树枝,空气中弥漫腐殖质的味道等非正常现象。

图C.3.2-4　丰沛的突发水源

(2)下游河水突然断流,可能是上游崩塌或滑坡阻塞了河道。

(3)深谷或沟内传来类似火车声或打雷声的巨大声响,并有轻微震动感等,这预示着上游已发生滑坡、落石等现象,泥石流很可能马上就要发生。

(4)连续强降雨期间,如果附近发生地震,极易诱发泥石流。

(5)降雨期间,家禽、牲畜有异常反应,可能发生泥石流等地质灾害,应进行巡查核实。

(6)紧密监控堰塞湖的泄漏、位移等变形、溃决迹象。

C.4　沉陷与塌陷成因及识别

C.4.1　沉陷与塌陷成因

1)地基土质类型和地形条件

公路路基主要有填方路基、挖方路堑、半填半挖路基等三种形式,其中,填方路基又分为高填方路基和一般填方路基。填土路基不论填筑高度的大小,其沉陷均由两部分组成:一是新填筑路基下的地基在自重压力或附加压力作用下的沉陷;二是新填土的自沉(图C.4.1-1)。

图C.4.1-1　填土路基沉陷

当工程地质条件不良,土层比较软弱,特别是在泥沼地段、流沙和垃圾以及其他劣质土地段填筑路堤时,若填筑前未经换土或压实不足,则填筑完成后,原地面土体易产生压缩下沉或挤压位移造成路基沉陷。

地基中土层的厚度对路基沉陷有一定的影响,若土层较厚,则发生路基沉陷的可能性大;若土层较薄,发生沉陷的可能性小。

山区公路受地形条件等的限制,常见半填半挖路基和陡坡路基,填土厚度不均造成差异沉降,引起路基沉陷(图 C.4.1-2)。以路基形式通过沟谷时,沟谷中心往往填土高度最大,向两端逐渐降低,在路基横断面上,往往上侧填土高度小于下侧。

图 C.4.1-2 半填半挖路基沉陷

2)地下水

路基或地基中地下水的动态变化及潜蚀作用影响土体中有效应力分布、土体的结构特征和强度,对路基不均匀沉降影响很大。

在地下水的交替作用下,路基土体内含水率、土体重度在一定范围内变化,再加上水的软化作用,可使土体产生沉降变形,发生路基沉陷。

3)路基填料的高度和类型

路基填土高度对路基沉陷有重要影响。填土越高,土体越难迅速完成固结,对地基的荷载也越大,发生路基沉陷的可能性越大。

填土性质较差(如湿陷性黄土、崩滑流堆积物等)将导致压缩性增大,在路基施工和运营期间产生路基沉陷。

4)降水

雨水入渗可使路基中的细颗粒流失,并使土中应力状态发生变化,导致路基沉陷。若路基坡脚排水设施被淤堵,或未设置排水设施,水滞留在路界范围,长时间浸泡路基,水渗透到路基填土内部,造成路基变软,引起下沉(图 C.4.1-3)。

图 C.4.1-3　雨水浸泡引起的路基沉降

5)人为因素

压实度是控制路基质量的一个重要指标。路基施工时,因设计、施工工艺与质量管理、填料以及排水措施等各种原因造成的路基压实度不够或压实不均匀,为路基沉陷留下隐患。

6)基底塌陷

在黄土暗穴分布区、采空区、岩溶区等地区修筑公路时,若地基未经处理或处理不当,地基下伏空洞或软弱区的上方岩土体在行车荷载、地表工程活动或地下工程活动、水体蓄渗抽排等的作用下,由于不能承受地表荷载(包括路基自重作用)而失去平衡、突然塌陷(图 C.4.1-4),直接或间接影响公路工程的稳定性和整体性。

C.4.2　沉陷与塌陷的识别

沉陷与塌陷是指路基局部路段在垂直方向产生较大的错落,形成凹陷和裂纹,或因地基沉降导致路基整体下沉。主要的形式是路基局部高程较周围低,出现大量裂缝。

(1)公路位于滑坡等不良地质地段(图 C.4.2-1)。

图 C.4.1-4　基底塌陷

图 C.4.2-1　不良地质地段滑坡发育导致路基开裂、塌陷

(2)公路位于基底起伏或不稳定地段(如采空区、黄土暗穴、岩溶、软弱地基等),地基未处理到位(图 C.4.2-2)。

(3)高填方路段易出现路基不均匀沉降,特别是遇到软弱地基时(图 C.4.2-3)。

图 C.4.2-2　地质不稳定区域下部空腔导致塌陷

图 C.4.2-3　高填方不均匀沉降导致塌陷

(4)公路路基填料选择不当、填筑方法不合理,或施工压实不足地段(图 C.4.2-4)。

(5)路基地表、地下排水不力的地段,或路堤内部有过湿夹层时(图 C.4.2-5)。

图 C.4.2-4　填料不当导致塌陷

图 C.4.2-5　地表水、地下水排水不畅导致塌陷

(6)路面出现一条或多条纵向或弧形裂缝,或路基两侧地面隆起、路肩挡土墙发生鼓胀变形(图 C.4.2-6)。

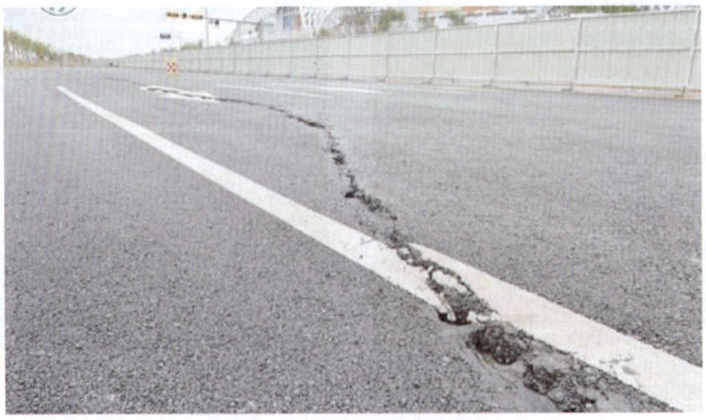

图 C.4.2-6　路面裂缝

C.5　水毁成因及识别

C.5.1　水毁成因

公路水毁是众多因素综合作用的结果，其影响涉及区域地质条件、地形地貌特征、气象水文条件、公路等级等诸多方面。历年公路水毁统计资料表明，短历时强降雨及长时间持续降雨造成的水毁占大多数。汛期，特别是主汛期，与公路水毁发生具有很好的相关性。由此可见，区域气候类型、降水量和暴雨特征以及水文因素（如水系状况、河道特点、洪水特征等）对于水毁时空分布规律的影响比较显著。公路水毁的成因见表 C.5.1。

表 C.5.1　公路水毁成因

<table>
<tr><th colspan="2">成因类别</th><th>具体描述</th><th>典型照片</th></tr>
<tr><td colspan="2">暴雨、洪水</td><td>暴雨、洪水是公路水毁的主要因素。暴雨引起河流流量和水流流速增加，水位上升，水流冲刷强度和挟沙能力显著提高，对公路结构物造成不同程度的冲刷和淹没破坏，洪水持续时间越长，对公路造成的威胁和损失越大</td><td></td></tr>
<tr><td rowspan="2">河流特征</td><td>河流形态</td><td>河流形态（包括断面形态和平面形态等）对沿河公路水毁的影响主要是改变水流的边界条件，导致水流对路基的不利作用。具体表现为：河流弯道导致凹岸冲刷；河流断面压缩使得上游壅水过高淹没路基路面，并导致压缩断面的集中冲刷；地形变化引起水流方向改变而对路基产生顶冲或斜冲；河底出现明显跌坎的下游水流流速突然增大等</td><td></td></tr>
<tr><td>河床质</td><td>河床质是指组成河床的固体物质。以基岩、巨石、大漂石为主的河床，因水流速度较大，流动变化剧烈，具有十分强烈的冲击力，易造成沿河公路、桥梁及防护工程冲毁；以卵石、砂及细颗粒泥沙为主的河床，因河流较宽，水流速度有所减小，且水位较低，变化较为平缓，造成沿河公路水毁主要为坡脚冲刷等</td><td></td></tr>
</table>

续上表

成因类别		具体描述	典型照片
降雨汇流	公路沿线流域地形地貌	若公路沿线区域范围内地形总体较陡,流域面积较大,极易造成雨水汇流速度加快,导致严重的公路水毁。山区公路山高沟深,沟壑纵横,路线大多依山傍水,路基多半填半挖,边坡坡度较陡,使汛期洪水汇流速度加快,易造成公路水毁。若区域山体、边坡岩土体松散破碎,稳定性较差,则易引起由暴雨诱发的崩塌、滑坡、泥石流等地质灾害,间接加剧公路水毁程度	
	植被条件	沿河公路所在流域内的植被类型及其覆盖程度,对于流域汇流影响显著。通过流域蓄渗,植被能缓和暴雨对地表的冲击,减缓径流形成、减少径流量。随着植被覆盖率的提高,公路水毁的范围和程度呈下降趋势	
人类活动	人为破坏植被环境等条件	乱砍滥伐,不合理开挖山体,河道过度采砂以及河道内随意弃物	
	人为改变河流形态	不合理地压缩河道或改变水流形态,将可能致使公路水毁灾害加剧	

C.5.2　水毁识别

水毁识别的主要目的是明确水毁易发路段,估计水毁可能发生的程度和损失。在洪水及其挟带的滚石、漂浮物等物质的冲刷、撞击、淤堵、淹没等作用下,沿河公路路基路面、桥梁、小桥涵及防护工程易遭到不同程度的破坏,严重时导致交通受阻或中断。

1)水流有可能冲刷路基的路段

(1)沿河流弯道凹岸的路段。河湾水流在重力和离心力的作用下形成螺旋流,易冲刷凹岸,掏刷坡脚,冲刷路基路面。

(2)对岸有山嘴、巨石等地形突变的路段。此类地形将水流挑向对岸偏下游,主流沿多年斜流冲刷形成的深槽,以弯曲水流的形式逼向对岸,沿对岸坡脚流向下游,从而造成对沿河公路的冲刷。即使对面河岸是直岸,仍然会受到冲刷。

(3)顺延山区开阔河段和山前区变迁性河段的路段。这些河段直段河槽内,弯曲的股流、汊流紧逼河岸流动时,也容易形成股流的回岸冲刷。

(4)有支流汇入的路段。这类河段由于支流对主流的干扰,容易造成水流对河岸的顶冲。

2)路基压缩或侵占河道的路段

(1)路基压缩、侵占河道或地形突变使河道变窄的路段。由于河道受到压缩而变窄,挤束水流,压缩断面附近的水流速度较大、冲刷严重,容易引起河床和公路边坡的剧烈冲刷,乃至毁坏。

(2)沿河路基设计高程低于洪水位的路段。当洪水较大时,由于河道被压缩侵占而导致水位急剧上升,若洪水位高于路基设计高程,则洪水会漫溢到路面,造成"水上路面",甚至冲毁路基。

3)河岸坡度较为平缓的沿河路段

此类沿河路段由于河道坡度较缓,在遭受洪水时,路基边坡容易被洪水长时间浸泡,使路基变得潮湿,导致路基不稳定。

4)曾经发生过水毁的路段

洪水具有一定的重发性。相应地,公路洪水灾害也具有类似的规律。曾经发生过水毁的路段,当再次遭遇相近级别的洪水时,如果防护工程设置得不够稳固,则还可能发生同样类型的水毁。若洪水水位更高、流速更快,还可能出现其他的水毁破坏形态。把历年易发生水毁的路段和桥涵构造物作为防汛重点地段,建档备案、分类编号,并上报或下发相关职能部门,有利于提前防范公路洪水灾害。

5)其他易发路段

(1)波浪较大路段。大江大河、湖区、库区等水面开阔且波浪较大的路段,由于波浪对路基的拍击冲掏,路基边坡容易遭到破坏。

(2)可能被流冰、漂浮物冲击的路段。冬季结冰的河流,春季冰雪融化以后大块的浮冰顺流而下,其冲击力很大,容易造成路基的冲击破坏。漂浮物情况与流冰相似。

(3)地质和水文条件较复杂、降雨较丰富的山区沿河公路。在暴雨条件下,泥石流、滑坡、崩塌等灾害时有发生,可能对洪水的涨落和路基的抗水毁能力产生影响,容易造成路基毁坏。

(4)沿河路基防护措施不完善路段,容易遭到洪水的冲刷。由于防护工程布置不合理(如基础埋深不足而外露,在冲刷较严重的位置未采用相应的防护措施),或疏于维修加固等种种原因,沿河公路的防护措施不力,从而不能有效地抵抗洪水冲刷力、冲击力的作用,发生局部或整体破坏。

(5)公路路基自身强度及稳定性不足的路段。公路建设或改建时填筑材料强度不足,施工中夯实密实度不够,或者由于基础处理、坡面排水系统、边坡防护及加固措施不够完善,引起路基自身稳定性不足,难以抵御大洪水的冲刷和冲击。

附录 D　填报照片示例

表 D　信息调查表填报照片示例

类　　型	规 范 照 片	不规范照片
路线	 典型路线	 未体现全幅路线
桥梁	 桥梁全貌	 未体现全貌
	 桥面	 未体现全幅桥面

续上表

类　　型	规 范 照 片	不规范照片
桥梁	 桥墩	 未体现全貌
	 锥坡	 未体现全貌
隧道	 洞口全貌	 未体现全貌
	 洞口全貌	 拍摄角度不符合要求

续上表

类　　型	规 范 照 片	不规范照片
高边坡	 路堤边坡全貌	 未体现全貌
	 路堑边坡全貌	 未体现全貌
	 高边坡排水设施	 未体现与高边坡关系
崩塌	 崩塌全貌	 未体现全貌

续上表

类　　型	规 范 照 片	不规范照片
崩塌	 危岩体局部	 未体现危岩体
	 崩塌全貌	 未体现全貌
	 历史灾害	 未体现历史灾害
滑坡	 滑坡全貌	 未体现全貌

续上表

类　　型	规 范 照 片	不规范照片
滑坡	 滑坡全貌	 未体现全貌
	 历史灾害	 未反映历史灾害
沉陷塌陷	 塌陷全局	 未体现全局
	 变形局部	 未体现变形特征

续上表

类　型	规范照片	不规范照片
泥石流	 全貌照片	 未体现全貌
	 泥石流全貌	 未体现全貌
	 泥石流沟槽	 未清晰体现沟槽特征
水毁	 水毁全貌	 未体现全貌

续上表

类　　型	规 范 照 片	不规范照片
水毁	 受损情况	 未体现受损情况
	 公路设施受损	 未体现受损情况

自然灾害综合风险公路承灾体普查技术指南

（第二册　数据成果质检）

编制单位：交通运输部路网监测与应急处置中心
中交第一公路勘察设计研究院有限公司
中国交通通信信息中心
中国公路工程咨询集团有限公司
贵州省交通规划勘察设计研究院股份有限公司

人民交通出版社股份有限公司
北　京

图书在版编目(CIP)数据

自然灾害综合风险公路承灾体普查技术指南 / 交通运输部路网监测与应急处置中心等主编. — 北京：人民交通出版社股份有限公司, 2021. 4

ISBN 978-7-114-17144-4

Ⅰ. ①自… Ⅱ. ①交… Ⅲ. ①自然灾害—影响—公路运输—交通运输安全—安全管理—指南 Ⅳ. ①U492. 8-62

中国版本图书馆 CIP 数据核字(2021)第 045267 号

Ziran Zaihai Zonghe Fengxian Gonglu Chengzaiti Pucha Jishu Zhinan

书　　名：**自然灾害综合风险公路承灾体普查技术指南**(第二册　数据成果质检)

著 作 者：交通运输部路网监测与应急处置中心
中交第一公路勘察设计研究院有限公司
中国交通通信信息中心
中国公路工程咨询集团有限公司
贵州省交通规划勘察设计研究院股份有限公司

责任编辑：吴有铭　黎小东

责任校对：孙国靖　龙　雪

责任印制：张　凯

出版发行：人民交通出版社股份有限公司

地　　址：(100011)北京市朝阳区安定门外外馆斜街 3 号

网　　址：http：//www. ccpcl. com. cn

销售电话：(010)59757973

总 经 销：人民交通出版社股份有限公司发行部

经　　销：各地新华书店

印　　刷：北京市密东印刷有限公司

开　　本：880 × 1230　1/16

印　　张：2

字　　数：32 千

版　　次：2021 年 4 月　第 1 版

印　　次：2021 年 9 月　第 3 次印刷

书　　号：ISBN 978-7-114-17144-4

总 定 价：55. 00 元(第一、二册)

(有印刷、装订质量问题的图书，由本公司负责调换)

交通运输部办公厅关于发布《自然灾害综合风险公路承灾体普查技术指南》的通知

交办公路函〔2021〕393号

各省、自治区、直辖市、新疆生产建设兵团交通运输厅(局、委):

为保障自然灾害综合风险公路承灾体普查质量，经交通运输部同意，现发布《自然灾害综合风险公路承灾体普查技术指南》(以下简称《指南》)，用于自然灾害综合风险公路承灾体普查工作技术指导。各单位要结合实际，加强研究，提炼经验，与《指南》编制单位加强沟通交流，发现问题及时反馈。《指南》编制单位要注意收集《指南》使用情况，加强技术指导。

部公路局联系电话：010-65292747；编制单位电话：010-65299108，邮箱：zhang. ht@ hmrc. net. cn。

交通运输部办公厅

2021年3月10日

前　　言

2020 年 5 月，国务院办公厅印发《关于开展第一次全国自然灾害综合风险普查的通知》(国办发〔2020〕12 号)，要求通过普查摸清全国自然灾害风险隐患底数，查明重点地区抗灾能力，客观认识全国和各地区自然灾害综合风险水平，为中央和地方各级人民政府有效开展自然灾害防治工作提供权威的灾害风险信息和科学决策依据，切实保障经济社会可持续发展。

交通运输部根据国务院办公厅通知要求和《第一次全国自然灾害综合风险普查总体方案》(国灾险普办发〔2020〕2 号)、《第一次全国自然灾害综合风险普查实施方案(试点版)》(国灾险普办发〔2020〕19 号)，印发《自然灾害综合风险公路水路承灾体普查工作实施方案》(交公路函〔2020〕721 号)，积极推进自然灾害综合风险公路承灾体普查工作。部公路局组织相关单位，编写《自然灾害综合风险公路承灾体普查技术指南》(以下简称《指南》)，以规范指导我国自然灾害综合风险公路承灾体普查工作，旨在掌握公路承灾体自然灾害风险底数，为全国公路运营管理提供灾害风险信息和科学决策依据。

《指南》在编写中考虑充分利用现有年度公路统计数据，便于各级普查人员开展数据采集和审核等工作，并开发了普查数据采集系统。根据北京房山、山东日照岚山“试点大会战”以及全国 122 个试点区县使用情况，针对适用性、便利性等问题进行了修订完善，进一步科学地简化了填报和审核工作流程。同时为了保证普查成果质量，依据《第一次全国自然灾害综合风险普查数据与成果汇交和质量审核办法(试行)》，增加了数据成果质检内容，最终形成数据采集和数据成果质检两个分册。第一册数据采集包括 5 章和 4 个附录，系统规定了自然灾害综合风险公路承灾体普查数据采集的内容、方法及工作流程；第二册数据成果质检包括 6 章和 5 个附录，规定了自然灾害综合风险公路承灾体普查数据与成果质检核查的内容、方法及工作流程。

请各有关单位在实践中注意总结经验，将发现的问题和意见及时函告自然灾害综合风险公路水路承灾体普查领导小组办公室(联系人：张恒通，电话：010-65299108，邮箱：zhang. ht@ hmrc. net. cn)，以供完善普查技术指导工作，形成相关行业标准时参考。

本指南编制单位： 交通运输部路网监测与应急处置中心
中交第一公路勘察设计研究院有限公司
中国交通通信信息中心
中国公路工程咨询集团有限公司
贵州省交通规划勘察设计研究院股份有限公司

本指南编写人员： 孙永红　杨　峰　刘卫民　夏旺民　陈　昕　卓　娜
周可夫　张恒通　赵越超　车　晶　孙　钊　王　娟
张蕴灵　潘佩珠　朱启荣　汪　林　石安琪

目　录

1　总则 ………………………………………………………………………… 1

2　规范性引用文件 ………………………………………………………… 2

3　基本规定 ………………………………………………………………… 3

3.1　一般规定 ………………………………………………………………… 3

3.2　工作内容及流程 ………………………………………………………… 3

3.3　数据质量管理要求 ……………………………………………………… 4

3.4　成果汇集 ………………………………………………………………… 5

4　数据检查 ………………………………………………………………… 6

4.1　检查原则 ………………………………………………………………… 6

4.2　检查内容 ………………………………………………………………… 6

4.3　检查成果 ………………………………………………………………… 8

5　数据核查 ………………………………………………………………… 9

5.1　一般规定 ………………………………………………………………… 9

5.2　工作流程 ………………………………………………………………… 9

5.3　核查方法 ………………………………………………………………… 9

5.4　核查内容 ………………………………………………………………… 10

5.5　核查成果 ………………………………………………………………… 11

6　工作成果 ………………………………………………………………… 12

6.1　技术报告 ………………………………………………………………… 12

6.2　数据成果 ………………………………………………………………… 12

附录A　风险评估 ………………………………………………………… 13

附录B　数据检查意见参考表 …………………………………………… 16

附录C　质量检查报告 …………………………………………………… 19

附录D　数据核查报告 …………………………………………………… 20

附录E　质量抽查报告 …………………………………………………… 21

1 总则

1.0.1 为规范指导全国自然灾害综合风险公路承灾体普查数据成果质检工作,保证公路承灾体普查成果质量,编制本指南。

1.0.2 本指南作为数据成果质检的技术指导,适用于国省干线公路自然灾害风险普查,农村公路可参照执行。

1.0.3 自然灾害综合风险公路承灾体普查数据成果质检应遵循客观、科学的原则,采用内业与外业结合方式,分层级进行。

1.0.4 各级交通运输主管部门应加强质检工作组织,压实工作责任,确保数据成果质量。

1.0.5 自然灾害综合风险公路承灾体普查数据成果质检除应符合本指南的规定外,尚应符合国家和行业现行有关标准的规定。

2　规范性引用文件

本指南内容引用了下列文件或其中的条款。凡是注明日期的引用文件,仅注日期的版本适用于本指南。凡是不注明日期的引用文件,其最新版本(包括所有的修改单)适用于本指南。

GB/T 28921　自然灾害分类与代码

GB/T 32572　自然灾害承灾体分类与代码

GB 50021　岩土工程勘察规范

GB 18306　中国地震动参数区划图

GB 50201　防洪标准

MZ/T 031　自然灾害风险分级方法

MZ/T 042　自然灾害损失现场调查规范

JTG B01　公路工程技术标准

JTG C20　公路工程地质勘察规范

JTG H10　公路养护技术规范

JTG 5210　公路技术状况评定标准

JTG/T C21-01　公路工程地质遥感勘察规范

DZ/T 0261　滑坡崩塌泥石流灾害调查规范(1∶50000)

DZ/T 0203　航空遥感摄影技术规程

DZ/T 0284　地质灾害排查规范

DZ/T 0286　地质灾害危险性评估规范

SL 767　山洪灾害调查与评价技术规范

CH/T 3013　数字表面模型航天摄影测量生产技术规范

CH/T 1013　基础地理信息数字产品数字影像地形图

交通运输部　公路养护统计报表制度

3 基本规定

3.1 一般规定

3.1.1 自然灾害综合风险公路承灾体普查数据成果质检包括数据质量检查、风险评估、数据核查等工作。

3.1.2 数据质量检查主要对普查采集数据的规范性、完备性、准确性及一致性进行检查。

3.1.3 风险评估按指标体系法进行,风险等级可划分为一级(重大)、二级(较大)、三级(一般)、四级(低),详见附录A。

3.1.4 数据核查主要对风险等级为一级、二级的灾害风险点基本属性、危害程度、发育程度进行复核,校正风险等级。

3.1.5 普查数据成果按统一的要求与格式建立信息数据库,并对一级、二级灾害风险点建立公路自然灾害风险点台账。

3.2 工作内容及流程

3.2.1 数据成果质检工作涉及国家、省、市、县四级组织实施主体,各主体根据分工承担相应的任务,工作内容及流程见图3.2.1。

3.2.2 交通运输部负责全国普查数据成果的汇总,对风险等级为一级、二级的灾害风险点数据进行抽查,抽查比例不低于5%,不合格数据退回省级交通运输主管部门重新采集填报。

3.2.3 省级交通运输主管部门负责本省(自治区、直辖市)普查数据成果汇总,对市级交通运输主管部门上报的数据进行质量检查、风险评估、数据核查。合格数据上报上级部门,不合格数据退回基层管养单位重新采集填报。

3.2.4 市级交通运输主管部门负责对县级交通运输主管部门上报的数据进行质量检查,合格数据上报上级部门,不合格数据退回基层管养单位重新采集填报。

3.2.5 县级交通运输主管部门负责对基层管养单位上报的数据进行质量检查,合格数据上报上级部门,不合格数据退回基层管养单位重新采集填报。

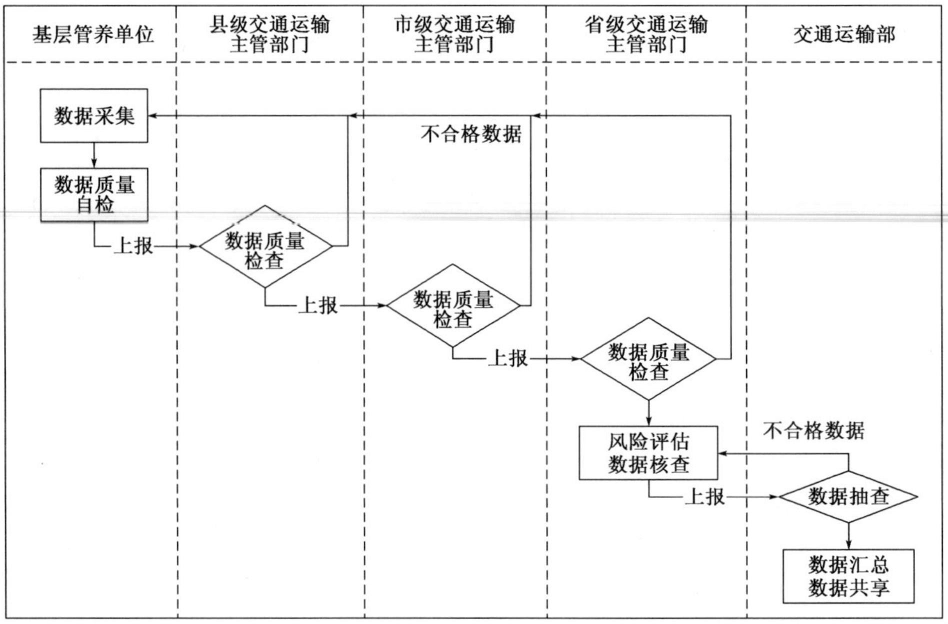

图 3.2.1　普查数据成果质检工作内容及流程

3.2.6　基层管养单位负责管养路段的普查数据采集填报、数据质量自检和修正采集数据。

3.2.7　高速公路普查各层级工作职责按各省(自治区、直辖市)采集审核组织架构,参照第 3.2.2 ~ 3.2.6 条执行。

3.3　数据质量管理要求

3.3.1　数据采集

1　应编制数据采集工作计划,落实责任人。

2　普查数据宜与既有勘察、设计成果及养护资料进行比对校核,必要时进行调查、核实和补查工作。

3　对退回的不合格数据,应及时开展数据核对、重新采集和上报。

3.3.2　数据质量检查

1　各级交通运输主管部门应设专人开展数据质量检查工作。

2　应建立质量检查考核机制。

3　及时完成数据质量检查,并上报合格数据、退回不合格数据。

3.3.3　风险评估

灾害风险点风险评级由采集系统自动生成。

3.3.4 数据核查

1 省级交通运输主管部门应及时落实具有相关专业背景的核查人员，组织开展数据核查工作。

2 根据实际情况选取适当的方式，对风险等级为一级、二级的灾害风险点数据做到应查尽查。

3 及时向交通运输部上报核查成果数据。

3.4 成果汇集

3.4.1 各级交通运输主管部门将辖区内数据成果分批次逐级上报。

3.4.2 交通运输部将最终数据成果统一下发。

3.4.3 各级交通运输主管部门负责辖区内数据成果管理、分析、归档。

4　数据检查

4.1　检查原则

4.1.1　规范性原则

采集数据的命名、编号、度量单位等应符合相关规范要求。

4.1.2　完备性原则

采集数据的字段属性名称、类型、长度、必填信息等应完整,照片资料应符合要求。

4.1.3　准确性原则

采集数据填报项应填报准确,空间要素精准。

4.1.4　一致性原则

采集数据的相关属性与照片应保证图文一致,灾害历史特征属性与公路养护记录资料应保持一致。

4.2　检查内容

4.2.1　公路路线、桥梁、隧道信息

对公路路线、桥梁、隧道信息进行数据检查时,应包括以下内容:

1　抗震设防等级:应查阅相关设计文件进行审核;本项不能为空。

2　防洪标准:应查阅相关设计文件进行审核;本项不能为空。

4.2.2　公路高边坡信息

对公路高边坡信息进行数据检查时,应包括以下内容:

1　路线名称:路线名称填报应与养护统计年报(以下简称“年报”)数据对应;本项不能为空。

2　路线编号:路线编号填报应与年报数据对应;本项不能为空。

3　高边坡名称:应按“里程桩号 + 段高边坡”规则命名,例如“K0 + 000 至 K0 + 100 段高边坡”,其他视为不合格数据;本项不能为空。

4　高边坡编号:应按“路线编号 + 县级行政区划代码 + B + 四位编号 + L(R)”规则

进行编号,其他视为不合格数据,不得出现重复编号;本项不能为空。

5 起止点桩号:高速公路、国省干线依据年报桩号进行数据检查;起止点桩号格式应为“K××+×××”,例如“K4+980”;止点桩号应大于起点桩号;本项不能为空。

6 起止点经纬度:起止点经纬度应采集完整;高边坡点位应与所调查路线进行有效匹配,两条及以上路线临近时,检查点位是否对应所调查路线,且无距离该点更近路线;点位不得偏离路域范围;不同高边坡点位不能重复采集;本项不能为空。

7 管养单位名称:以年报数据为依据进行检查;本项不能为空。

8 技术等级:以年报数据为依据进行检查,应与公路实际技术等级相符、与年报一致;本项不能为空。

9 边坡类型:当有设计文件时,应依据设计文件进行比对判断数据是否准确;当无设计文件时,可根据照片判断坡体结构(岩质、土质、土石混合),根据照片通过边坡分级情况判断边坡高度;本项不能为空。

10 排水设施类型、防护设施类型:当有设计文件时,应依据设计文件进行比对判断数据是否准确;当无设计文件的,可根据照片判断;本项不能为空。

11 抗震设防等级:应查阅相关设计文件进行审核;本项不能为空。

12 防洪标准:应查阅相关设计文件进行审核;本项不能为空。

13 照片:现场照片上传数量应不少于3张;照片拍摄不清晰或与调查内容不相关时,视为无效数据;应通过不同视角尽可能将高边坡的基本属性、与公路位置关系、岩土体特征、排水与防护设施等信息全面反馈,当照片反馈高边坡信息有限时,视为无效数据;本项不能为空。

14 图文一致性:高边坡采集填报信息是否与照片信息保持一致,包括车道数量、面层类型、路堑边坡(岩性)、排水设施类型、防护设施类型等,应对照片进行图文一致性审核。

4.2.3 灾害风险点信息

对普查上报的崩塌、滑坡、泥石流、路基沉陷与塌陷、水毁等五种类型风险点信息进行数据检查时,应包括以下内容:

1 灾害名称:以“中心桩号+灾害类型(崩塌、滑坡、泥石流、沉陷塌陷、水毁)”命名,例如“K0+100崩塌”,其他视为不合格数据;本项不能为空。

2 灾害编号:以“路线编号+县级行政区划代码+字母(崩塌-BT、滑坡-HP、泥石流-NL、沉陷塌陷-CT、水毁-SH)+四位数字编码”命名,例如“G234130130BT0001”(崩塌灾害),其中编码为该条路线同灾种的顺序排列(如0001、0002、…),其他视为不合格数据,不得出现重复编号;本项不能为空。

3 路线名称:路线名称填报应与年报数据对应;本项不能为空。

4 起止点经纬度:起止点经纬度应采集完整;风险点点位应与所调查路线进行有效匹配,两条及以上路线临近时,应检查点位是否对应所调查路线,且无距离该点更近路线;点位不得偏离路域范围;不同风险点点位不能重复采集;本项不能为空。

5 路线编号:路线编号填报应与年报数据对应;本项不能为空。

6 技术等级:以年报数据为依据进行检查,应与公路实际技术等级相符、与年报一致;本项不能为空。

7 起止点桩号:高速公路、国省干线依据年报桩号进行数据检查,起止点桩号格式应为"K× + ×××",例如"K4 +980";止点桩号应大于起点桩号;本项不能为空。

8 管养单位名称:以年报数据为依据进行检查;本项不能为空。

9 灾害类型:根据上报照片判断灾害类型是否上报有误。

10 灾害历史特征:填报的灾害历史特征数据,须与已有的历年灾害信息逻辑性匹配;灾害历史特征数据的规范性检查主要包括以下内容:

(1)对近10年发生次数检查时,当上报"近10年发生次数"与养护记录资料一致时,进行下一步检查,否则认定不合格;

(2)对灾害最近发生时间检查时,当上报"灾害最近发生时间"与养护记录资料一致时,进行下一步检查,否则认定不合格;

(3)检查填报的灾害历史特征信息与上传灾害照片信息是否一致。

11 灾害风险点特征:当有设计文件时,应依据设计文件进行比对判断数据是否准确;无设计文件时,根据照片判断准确性;本项不能为空。

12 结构物破损情况图文一致性:检查填报结构物破损情况与现场照片信息是否保持一致。

13 照片:现场照片上传数量应不少于3张;照片拍摄不清晰、与调查内容不相关、反馈灾害信息有限时,视为无效数据;应通过不同视角尽可能将灾害风险点的基本属性、与公路位置关系、岩土体特征、变形特征、排水与防护设施等信息全面反馈;历史灾害照片应尽可能上传并注明日期;本项不能为空。

14 完备性检查:对风险点数据必填项(带*项)是否完备进行检查。

4.3 检查成果

4.3.1 数据检查结果应包括数据检查通过率及不通过原因,数据检查意见参见附录B。

4.3.2 应提交数据检查报告,数据检查报告按附录C格式进行编制。

5 数据核查

5.1 一般规定

5.1.1 数据核查范围为风险等级为一级、二级的灾害风险点。

5.1.2 数据核查以内业核查为主,必要时进行外业核查,复核灾害风险点风险评估指标,校正风险等级。

5.1.3 应对经数据核查后确定风险等级为一级、二级的灾害风险点建立公路自然灾害风险点台账。

5.2 工作流程

5.2.1 根据风险评估结果,确定需核查的灾害风险点。

5.2.2 灾害风险点按以下情形进行分类核查:

1 照片和填报信息能体现灾害风险点的灾害特征,并且相关评估指标准确的,风险等级无须校正。

2 照片和填报信息能体现灾害风险点的灾害特征,但相关评估指标判定不准确的,应复核不准确指标项,校正风险等级。

3 照片和填报信息不能完全体现灾害风险点的灾害特征,应收集相关资料进行复核,校正风险等级;如仍不能确认风险等级的,应进一步组织开展调查工作,复核相关评估指标,校正风险等级。

5.2.3 编制核查工作报告。

5.3 核查方法

5.3.1 内业核查

1 资料分析比对方法:通过分析资料,提取风险点风险评价相关指标,校正风险等级。宜收集相关路段运营管理和养护资料,气象、水文、区域地质资料,公路工程勘察设计资料,公路工程施工、竣工资料,已有的灾种评价资料等。

2　遥感影像分析方法:针对依靠资料分析比对不能明确评估指标的灾害风险点,利用卫星光学影像、立体影像、雷达数据,采用定性与定量分析方法,对风险点规模、范围、灾害发育情况等灾害特征进行复核,明确风险点评估指标,校正风险等级。

5.3.2　外业核查

1　现场调查:通过现场踏勘、走访等方式,进一步记录和测量灾害风险点特征信息;针对地形复杂、人员难以到达区域,可结合无人机开展调查;基本查明灾害风险点特征,明确风险点评估指标,校正风险等级。

2　勘察:针对依靠现场调查等手段不能明确评估指标的灾害风险点,结合现场情况布置勘察任务,采用挖探、钻探或物探等综合手段,查明灾害风险点特征,分析灾害风险点稳定性,按相关规范校正风险等级。

3　监测:针对依靠勘察手段不能明确评估指标的灾害风险点,应开展形变监测工作,对监测结果进行分析,确定灾害风险点特征及其稳定性,明确风险评价指标,校正风险等级。

5.4　核查内容

5.4.1　崩塌

崩塌风险点应基本查明以下内容:

1　崩塌危岩体规模和分布。

2　坡体裂缝分布特征,包括裂缝宽度、长度、充填情况、贯通情况等。

3　防护设施破损情况,分析破损严重程度。

4　坡面变形情况,特别是崩塌危岩体底部岩土体的变形情况等。

5　崩塌与公路的位置关系,分析崩塌对公路的危害范围及程度。

5.4.2　滑坡

滑坡风险点应基本查明以下内容:

1　滑坡的平面形态及立体形态,周边植被发育情况,滑坡坡脚临空高度及坡度。

2　滑坡坡体裂缝分布特征,包括裂缝长度、宽度及贯通情况。

3　坡体、路基路面是否有鼓胀、隆起、沉陷现象,分析其变形程度。

4　防护设施等构筑物变形破损情况,分析其破损程度。

5　坡面冲刷和冲沟发育情况,地下水出露情况及岩土体的潮湿状态。

6　滑坡与公路的位置关系,分析滑坡对公路的危害范围及程度。

5.4.3　泥石流

泥石流风险点应基本查明以下内容:

1 泥石流沟与公路的位置关系,分析泥石流冲淤对公路的影响和危害。

2 泥石流空间特征,沟谷的发育程度,主沟和主要支沟的纵坡坡度情况。

3 泥石流区域降雨特征,植被分布情况。

4 泥石流的堆积情况,沟道和桥涵的淤堵情况。

5 公路构筑物和防护设施的破损情况,分析其破损程度。

5.4.4 沉陷与塌陷

沉陷与塌陷风险点应基本查明以下内容:

1 沉陷塌陷区内公路基础设施空间分布及位置关系;分析沉陷塌陷的影响范围和危害性。

2 沉陷塌陷分布情况,地面开裂、沉陷变形程度。

3 路面裂缝的分布、形状和宽度等。

4 路基沉陷塌陷特征,包括路基沉陷深度和沉陷长度等。

5 公路构筑物和防护设施的变形破损情况,分析其破损程度。

5.4.5 水毁

水毁风险点应基本查明以下内容:

1 水毁风险点处河道上游的局部地形,包括急弯凹岸、山嘴巨石、河道整治等方面的局部地形因素。

2 水毁与公路的位置关系,分析水毁的水淹范围、水毁对公路、桥梁等损坏位置、损坏规模程度等,分析水毁危害。

5.5 核查成果

5.5.1 数据核查成果包括灾害风险点风险评价情况统计、风险等级校正情况、现场调查成果等。

5.5.2 应提交数据核查报告,数据核查报告按附录 D 格式进行编制。

6 工作成果

6.1 技术报告

6.1.1 省、市级自然灾害综合风险公路承灾体普查数据质量检查报告,格式参见附录 C。

6.1.2 省级自然灾害综合风险公路承灾体普查数据核查报告,格式参见附录 D。

6.1.3 部级自然灾害综合风险公路承灾体普查质量抽查报告,格式参见附录 E。

6.2 数据成果

数据成果包括公路设施属性信息集、公路自然灾害风险点信息集。

附录 A　风险评估

A.1　风险评估指标

A.1.1　公路承灾体普查风险评估指标包括灾害发生频次(A)、灾害历史危害程度(B)、灾害处置情况(C)、灾害发育程度(D)、公路重要性(E),各指标最高分值均为 100 分。

A.1.2　灾害发生频次(A)指标得分按表 A.1.2 确定。

表 A.1.2　灾害发生频次指标评分值

评估指标	分　级	分值	说　明
灾害发生频次(A)	10 年内发生次数 0 次	25	按灾害在 10 年内发生的次数进行评分
	10 年内发生次数为 1 ~ 2 次	50	
	10 年内发生次数为 3 ~ 5 次	75	
	10 年内发生次数 >5 次	100	

A.1.3　灾害历史危害程度(B)指标得分按表 A.1.3 确定。

表 A.1.3　灾害历史危害程度指标评分值

评估指标	分　级	分值	说　明
灾害历史危害程度(B)	无或轻微	25	按《指南》(第一册　数据采集)第 5.2.6 条划分的灾害危害程度进行评分
	一般	50	
	较严重	75	
	严重	100	

A.1.4　灾害处置情况(C)指标得分按表 A.1.4 确定。

表 A.1.4　灾害处置情况指标评分值

评估指标	分　级	分值	说　明
灾害处置情况(C)	灾害已处置恢复	25	按灾害发生后是否实施处置恢复进行评分
	灾害正在处置恢复	50	
	灾害未处置恢复	100	

A.1.5　灾害发育程度(D)指标得分按表 A.1.5 确定。

表 A.1.5　灾害发育程度指标评分值

评估指标	分　级	分值	说　明
灾害发育程度(D)	无	25	按《指南》(第一册　数据采集)第 5.2.7 条划分的灾害发育程度进行评分
	轻微	50	
	中等	75	
	严重	100	

A.1.6　公路重要性(E)指标得分按表 A.1.6 确定。

表 A.1.6　公路重要性指标评分值

评估指标	分　级	分值	说　明
公路重要性(E)	四级公路及以下	25	按公路等级对公路重要性进行评分
	三级公路及国省道四级公路	50	
	二级公路及国省道三级公路	75	
	高速公路及一级公路	100	

A.2　风险评估指标权重

A.2.1　灾害风险点风险评估指标权重按表 A.2.1 确定。

表 A.2.1　灾害风险点初步风险评估指标权重系数(γ)

灾害类型		评估指标				
		灾害发生频次(A)	灾害历史危害程度(B)	灾害处置情况(C)	灾害发育程度(D)	公路重要性(E)
地质灾害	滑坡	0.05	0.28	0.11	0.36	0.20
	崩塌	0.11	0.28	0.05	0.36	0.20
	沉陷与塌陷	0.05	0.28	0.11	0.36	0.20
	泥石流	0.11	0.36	0.05	0.28	0.20
水旱灾害	水毁	0.05	0.36	0.11	0.28	0.20

A.3　风险评价

A.3.1　风险评估采取指标体系法确定风险指数 CRI。

A.3.2　风险指数 CRI 按式(A.3.2)计算。

$$CRI = A \times \gamma_1 + B \times \gamma_2 + C \times \gamma_3 + D \times \gamma_4 + E \times \gamma_5 \qquad (A.3.2)$$

式中:A、B、C、D、E——各评估指标分值;

γ_1、γ_2、γ_3、γ_4、γ_5——各评估指标对应的权重系数。

A.4　风险分级

根据灾害风险点初步评估的风险指数(*CRI*),按表 A.4 进行灾害风险点风险分级。

表 A.4　风险点风险分级

风险等级	风险指数	风险等级	风险指数
一级(重大)	$CRI > 83$	三级(一般)	$48 < CRI \leqslant 62$
二级(较大)	$62 < CRI \leqslant 83$	四级(低)	$CRI \leqslant 48$

注:风险分级指标可根据实际情况进行调整。

附录B　数据检查意见参考表

表B-1　公路路线、桥梁、隧道信息检查意见参考表

序号	检　查　项	检查要点	检查意见	检查结果
1	抗震设防等级	是否按照相关设计文件进行填报,本项不能为空	抗震等级填报有误	审核不通过
2	防洪标准	是否按照相关设计文件进行填报,本项不能为空	防洪标准填报有误	审核不通过

表B-2　公路高边坡数据检查意见参考表

序号	检　查　项	检查要点	检查意见	检查结果
1	路线名称	是否缺失;路线名称填报是否对应年报数据	路线名称缺失;填报不规范	审核不通过
2	路线编号	是否缺失;路线编号填报是否对应年报数据	路线编号缺失;填报不规范	审核不通过
3	高边坡名称	格式是否按“里程桩号+段高边坡”规则命名	高边坡名称格式错误	审核不通过
4	高边坡编号	格式是否按“路线编号+县级行政区划代码+B+四位编号+L(R)”规则进行编号,编号是否重复	高边坡编号格式错误;高边坡编号重复	审核不通过
5	起止点桩号	是否缺失;格式是否符合要求;止点桩号是否大于起点桩号	里程桩号缺失或错误	审核不通过
6	起止点经纬度	起止点经纬度是否采集完整;是否为空,是否重叠	经纬度缺失,重复	审核不通过
		两条及以上路线临近时,点位是否对应所调查路线	经纬度位置有误	审核不通过
		是否偏离路域范围	经纬度位置有误	审核不通过
		高边坡点位是否重复采集	点位重复	审核不通过
7	技术等级	是否与公路实际技术等级相符、与年报一致	技术等级与年报数据不一致或缺失	审核不通过
8	边坡类型	根据设计文件或照片判断高边坡类型填报是否正确	高边坡类型填报有误	审核不通过
9	排水设施类型	根据设计文件或照片判断排水设施类型填报是否正确	排水设施类型填报有误	审核不通过
10	防护设施类型	根据设计文件或照片判断防护设施类型填报是否正确	防护设施类型填报有误	审核不通过

续上表

序号	检　查　项	检 查 要 点	检 查 意 见	检查结果
11	抗震设防等级	是否按照相关设计文件进行填报，本项不能为空	抗震等级填报有误	审核不通过
12	防洪标准	是否按照相关设计文件进行填报，本项不能为空	防洪标准填报有误	审核不通过
13	照片	上传照片是否清晰、是否与高边坡相关	上传照片不清晰或与高边坡不相关	审核不通过
		照片数量不少于 3 张	照片数量少于 3 张	审核不通过
		整体照片是否体现高边坡与公路的位置关系	整体照片不能体现高边坡与公路的位置关系	审核不通过

表 B-3　风险点数据检查意见参考表

序号	检　查　项	检 查 说 明	检 查 意 见	检查结果
1	灾害名称	格式是否按“中心桩号 + 灾害（崩塌、滑坡、泥石流、沉陷塌陷、水毁）”规则命名	灾害名称格式错误	审核不通过
2	灾害编号	格式是否按“路线编号 + 县级行政区划代码 + 字母（崩塌-BT、滑坡-HP、泥石流-NL、沉陷塌陷-CT、水毁-SH）+ 四位数字编码”规则进行编号，编号是否重复	灾害编号格式错误；灾害编号重复	审核不通过
3	路线名称	是否缺失；路线名称填报是否对应年报数据	路线名称缺失；填报不规范	审核不通过
4	起止点经纬度	起止点经纬度是否采集完整，是否为空，是否重叠	经纬度缺失，重复	审核不通过
		两条及以上路线临近时，点位是否对应所调查路线	经纬度位置有误	审核不通过
		是否偏离路域范围	经纬度位置有误	审核不通过
		灾害风险点点位是否重复采集	点位重复	审核不通过
5	路线编号	是否缺失；路线编号填报是否对应年报数据	路线编号缺失；填报不规范	审核不通过
6	技术等级	是否缺失；是否与公路实际技术等级相符、与年报一致	技术等级与年报数据不一致或者缺失	审核不通过
7	起止点桩号	是否缺失；格式是否符合要求；止点桩号是否大于起点桩号	桩号错误	审核不通过
8	灾害类型	根据照片判断灾害类型是否选取正确	灾害类型错误	审核不通过
9	坡体特征	根据照片判断，或参考设计文件判断坡体结构是否填报正确	坡体结构填报有误	审核不通过
10	灾害发生频次	灾害最近发生时间或发生频率是否填报	灾害最近发生时间或发生频率未填报	审核不通过
11	灾害历史触发因素	是否与实际情况相符	触发因素有误	审核不通过

续上表

序号	检　查　项	检 查 要 点	检 查 意 见	检查结果
12	灾害历史危害对象	是否与历史灾害照片一致	历史情况危害对象填报有误	审核不通过
13	断通状况	是否与历史灾害照片一致	断通状况填报有误	审核不通过
14	危害形式	根据照片判断风险点危害形式是否正确	风险点填报危害形式与照片体现不一致	审核不通过
15	危害对象	根据照片目视判断风险点危害对象是否与填报的危害对象一致	风险点填报危害对象与照片体现不一致	审核不通过
16	灾害处置情况	是否与照片反映信息一致	灾害处置情况填报有误	审核不通过
17	裂缝情况	根据照片目视判断有无裂缝及裂缝位置	裂缝情况填报有误	审核不通过
18	结构物破损情况	填报内容与现场照片是否相符	结构物破损填报有误	审核不通过
19	排水部位破损情况	根据照片判断是否破损及破损部位	破损情况填报有误	审核不通过
20	坡面防护部位破损情况	根据照片判断是否破损及破损部位	破损情况填报有误	审核不通过
21	沿河防护部位破损情况	根据照片判断是否破损及破损部位	破损情况填报有误	审核不通过
22	支挡设施部位破损情况	根据照片判断是否破损及破损部位	破损情况填报有误	审核不通过
23	桥梁设施部位破损情况	根据照片判断是否破损及破损部位	破损情况填报有误	审核不通过
24	隧道设施部位破损情况	根据照片判断是否破损及破损部位	破损情况填报有误	审核不通过
25	灾害发育程度	是否缺失；是否按照《指南》(第一册　数据采集)第5.2.7条进行分级	发育程度未分级不准确或缺失	审核不通过
26	逻辑性	如风险点灾害历史特征、风险点现状特征均填报“无”的数据，视为无效数据	逻辑错误	审核不通过
27	照片	上传照片是否清晰、是否与灾害风险点相关	照片不清晰或与灾害风险点不相关	审核不通过
		照片数量不少于3张	照片数量少于3张	审核不通过
		整体照片是否体现灾害风险点与危害对象的关系	照片未体现灾害风险点与危害对象的关系	审核不通过

附录 C　质量检查报告

一、概述

质量检查主要结论说明。简要概括质量检查总体情况、主要结果、发现的主要问题。

二、质量检查工作开展情况

(一)质量检查基本情况。

(二)质量检查对象及数据情况。

(三)质量检查工作实施情况。

三、质量检查结果

(一)普查工作进度情况。

(二)高边坡信息检查结果。

(三)自然灾害风险点信息检查结果。

四、质量检查发现的主要问题

五、整改情况

(一)整改总体情况介绍。

(二)整改清单。

六、验收意见及建议

七、附件

附录D　数据核查报告

一、概述

简要概括风险评估情况、数据核查总体情况、主要结果。

二、核查工作开展情况

(一)核查基本情况。
(二)核查对象及数据情况。
(三)核查工作实施情况。

三、核查结果

(一)风险评估情况。
(二)风险校正情况。

四、附件

现场调查成果、相关图件成果等。

附录 E　质量抽查报告

一、概述

抽查主要结论说明。简要概括质量抽查总体情况、主要结果、发现的主要问题。

二、抽查工作开展

（一）抽查样区基本情况。

（二）抽查对象及数据情况。

（三）抽查工作实施情况。

三、抽查结果

（一）总体情况。

（二）问题清单。

四、抽查结论

五、附件

质量抽查汇总表。